将苑

精要新解

中国历代兵书精要新解丛书

薛国安 著

新时代出版社

图书在版编目（CIP）数据

将苑精要新解 / 薛国安著 . -- 北京：新时代出版社, 2025. 3. -- ISBN 978-7-5042-2659-4

Ⅰ. E892.362

中国国家版本馆 CIP 数据核字第 20252RN075 号

※

新时代出版社 出版发行

（北京市海淀区紫竹院南路 23 号　邮政编码 100048）

雅迪云印（天津）科技有限公司印刷

新华书店经售

*

开本 710×1000　1/16　　印张 16¼　　字数 157 千字

2025 年 3 月第 1 版第 1 次印刷　　定价 68.00 元

（本书如有印装错误，我社负责调换）

国防书店：（010）88540777　　书店传真：（010）88540776

发行业务：（010）88540717　　发行传真：（010）88540762

总 序

中国古代兵书卷帙浩繁、汗牛充栋，据统计，从先秦到清末共有 3380 部，23503 卷，其中存世兵书 2308 部，18567 卷。如此众多的兵书，既是中华优秀传统文化的重要组成部分，又是一座神秘又耀眼的文化宝库。这座宝库历经数千年的沉淀，是由无数兵家战将的鲜血凝成的兵家圣殿，是经过无数思想巨匠之手建筑起来的智慧殿堂。在这座宝库里，珍藏着不可胜数的制胜秘笈，也陈列着不计其数的泣血篇章。由于长期被尘封在石室金匮之中，使其更添一份神秘色彩，一般人难以窥视其貌。随着文明的进步和社会的发展，这座宝库的大门逐渐敞开，人们惊奇地发现，那些朽蚀的简牍、发黄的卷帙上的文字仍然鲜活，仍然充满生命力。如果按照现代军事科学的分类加以解读，其内容涵盖了战争性质及其基本规律、指导战争的战略谋略及战法、国防建设和军队建设、保障和辅助战争行动等各种专门知识的理论。如此广博的思想内容，经过千百年的战争实践检验，以及一代又一代兵家战将的不断补充，日臻完善。这些兵书为中国传统军事文化奠定了坚实的根基，注入了鲜活的灵魂。

在 2023 年 6 月 2 日召开的文化传承发展座谈会上，习近平总书记发表了重要讲话，他强调："中华文明的连续性，从根本上决定了中华民族必然走自己的路。"当今世界，随着军事技术的飞速发展，战争理论、作战方式、建军思想、国防观念、后勤保障都在发生巨大的变化。同时，东西方军事文化日益交融、渗透，互相影响，互相借鉴，大有趋同之势。在此过程中，如果我们掉以轻心，盲目地模仿或照搬西方的模式，必然失去自我，失去中国军事文化的根基和灵魂。如果剑不如人，剑法也不如人，势必每战必殆。毛泽东军事思想充分吸收了中国传统军事文化的养料，其活的灵魂就是"你打你的，我打我的"，绝不按对手的思路打仗，绝不随对手的节奏起舞。在险象环生、强敌如林的当代世界战略格局中，要想在军事上形成有效的威慑力，在战场上稳操胜券，在平时确保国家安全，我们必须做到"两手都要硬"。一手是加速发展先进军事技术和武器装备，提升国家军事硬实力；另一手则是继承中国传统优秀军事文化的根与魂，结合马克思主义军事理论，以习近平强军思想为指导，创新和发展具有中国特色的军事理论，加强军事软实力。思想是行动的先导和指南，吸收前人智慧、创新军事理论十分重要和必要，正是基于这一紧迫的时代要求，我们编写了《中国历代兵书精要新解》丛书，以期为推动军事理论的创新和发展作出贡献。

《中国历代兵书精要新解》丛书，共计14本，300余万字。所谓"历代"，是指所选兵书上至先秦，下至民国，纵跨历朝历代。所谓"精要"，是指对精选的每本兵书择其思想精髓和要点加以评述。所谓"新解"，至少包含三"新"：一是作者队伍以新时代培养出来的具有军事博士学位的教研骨干为主体，思想新、观念新、文笔新；二是写作方法有所创新，突破原文加注释的传统模式，按照兵书逻辑思路，层层提炼要点，再加以理论评述，点、线、面有机结合；三是材料新，基于兵书原典，参照前人学术成果，大量吸收古今战例，甚至社会竞争、企业经营、体育竞赛的案例，以新的视角诠释兵家思想观点。

整套丛书有总有分，纵向排序。第一部《中国历代兵书精要通览》作为总览，总体上介绍了中国古代兵法的发展概况、基本特点和现实价值，并从浩如烟海的兵书宝库中精选约40部有代表性的兵书，提炼其精华，评说其要义。第二部至第十四部则是对各部兵书的细致解析，依次是《孙子兵法精要新解》《吴子精要新解》《司马法精要新解》《孙膑兵法精要新解》《尉缭子精要新解》《鬼谷子精要新解》《六韬精要新解》《三略精要新解》《将苑精要新解》《唐李问对精要新解》《纪效新书精要新解》《三十六计精要新解》《曾胡治兵语录精要新解》。这些兵书基本上涵盖了中国古代军事思想的精髓，各有千秋，颇具代表性。每位作者在深入研究、吃透精髓的基础上，以深入浅出的文笔展现其思想精华，并将古代军事智慧与现实军事斗争、社会竞争相结合，深入剖析其现实价值和借鉴意义。

任何事物都是时代的产物，不可避免地带有时代的印记。古代统治阶级不断地把封建迷信、腐败落后的东西强加到社会生活的意识形态领域中，限制着人们的思想进步，阻碍着科学的发展。形成于中国古代社会的兵书，自然会留下一些时代烙印。虽然这套丛书的所有书目都是从中国古代兵书宝库中精心挑选出来的，堪称精品中的精品，作者也尽力展现其思想精要，但某些篇章或段落中难免隐含一些封建糟粕的内容。因此，我们建议军事领域的广大读者在品读本套丛书时，既要注重取其精华，又要注重去其糟粕，这是我们对包括古代兵书在内的一切传统文化的根本态度。惟有如此，方能从古老悠久的兵书宝库中获得创新中国特色军事理论的启示，方能继承和发展中华民族优秀军事思想的根与魂，为推进当代中国军事文化向前发展做出积极的贡献。对于非军事领域的广大读者而言，也不妨秉持这一根本态度，方可从战争之道领悟竞争之妙，从制胜秘诀寻觅智赢神方，从统军之法发现管理奇招，为追求卓越、实现人生理想提供智慧的启示和方法的指引。

经国防大学出版社原总编刘会民老师举荐，本套丛书由我们团队倾心打造，集结了众多专家和学者的智慧与心血。在选题立项过程中，我们得到了新时代出版社领导的大力支持，他们基于全面弘扬中国传统优秀军事文化的初心，紧扣时代的要求，果断立项，并与我们共同策划选题。在写作过程中，我们得到了新时代出版社诸位编辑的大力协助，他们严谨的工作态度和卓越的专业素养，为本书从构思走向现实提供了坚实的保障。同时，各位社领导和编辑也提出了许多宝贵和中肯的意见，为本书的完善提供了关键的指导。在此，我谨代表整个编写团队，向他们表达最衷心的感谢。

这套丛书的出版，是我们共同努力的成果，也是我们共同智慧的结晶。它不仅仅代表着我个人的努力，更凝聚了整个团队的心血和付出。我深信，这套丛书将会为读者带来新的思考和启示，为繁荣中国特色军事文化增光添彩。

薛国安

2023年冬至

目 录

前言
  一、《将苑》与诸葛亮 // 1
  （一）《将苑》其书 // 1
  （二）千年的悬疑——《将苑》作者之谜 // 2
  （三）《将苑》的特色 // 2
  （四）《将苑》的价值 // 3
  二、诸葛亮传奇的一生 // 4
  （一）家道中衰，艰难成长 // 4
  （二）传奇婚姻，才情相吸 // 6
  （三）躬耕苦读，静待良机 // 9
  （四）茅庐献策，隆中定计 // 11
  （五）联吴抗曹，赤壁大战 // 15
  （六）攻取益州，受托白帝 // 16
  （七）再联孙吴，七擒孟获 // 17
  （八）五次北伐，病死征途 // 18
  （九）天下奇才，智者楷模 // 21

一、《将苑》卷一逻辑思路及经典谋略
  （一）兵权：掌握统兵权，方有战场主动权 // 002

（二）逐恶：统军治国，须防五种奸佞恶人 // 006

（三）知人性：选拔任用将才，可用识人七法 // 009

（四）将材：将领有九种类型，要因材而用 // 013

（五）将器：将领才器可分六级，各有千秋 // 016

（六）将弊：将领有八种弊端，要尽力避免 // 020

（七）将志：将领应有的品行，当努力践行 // 023

（八）将善：将领应有的素养，有五善四欲 // 027

（九）将刚：将领应有的性格，刚与柔相济 // 031

（十）将骄吝：将领统军的禁忌：骄傲与吝啬 // 035

（十一）将强：将领的德行修养：五强与八恶 // 039

（十二）出师：将领率军出征仪式及行为准则 // 043

（十三）择材：主将编组部队宜量其材而用之 // 048

（十四）智用：将领的指挥艺术：活用"三才" // 053

（十五）不陈：统军作战最高境界：善战不斗 // 058

（十六）将诫：统军作战之要：务揽英雄之心 // 063

（十七）戒备：治国安邦之大务，莫先于戒备 // 068

（十八）习练：训练部队的重要性及主要方法 // 071

（十九）军蠹：行军作战时应避免的九大禁忌 // 076

（二十）腹心：主将必须依赖的三种骨干力量 // 079

（二十一）谨候：统军作战必须谨记十五条戒律 // 083

（二十二）机形：善战者尚智取，"因机而立胜" // 087

（二十三）重刑：三军勇往直前，关键在"立威" // 090

（二十四）善将：善将者四大经，庸将者四大病 // 094

（二十五）审因：克敌制胜两大招：因势与扬威 // 097

二、《将苑》卷二逻辑思路及经典谋略

（一）兵势：善将者必因天时地利人和之势 // 102

（二）胜败：导致胜与败的"七征""八兆" // 105

（三）假权：主将的自主权，胜负的决定权 // 109

（四）哀死：将领以情带兵的四种有效方法 // 114

（五）三宾：将领选用宾客幕僚的三级标准 // 118

（六）后应：将领统军作战能力的三个等级 // 121

（七）便利：将领统军作战应活用战场条件 // 125

（八）应机：创造战机的关键在于出其不意 // 128

（九）揣能：判断双方胜负的十二个观测点 // 131

（十）轻战：将士敢于战斗源于精兵与利器 // 136

（十一）地势：统军作战宜因地势而战法各异 // 141

（十二）情势：摸准敌将性情采用不同攻心战法 // 144

（十三）击势：选择战机"十可""五不可" // 147

（十四）整师：行军作战贵在各部队协调一致 // 150

（十五）厉士：将领激励官兵斗志的五大法宝 // 154

（十六）自勉：将领自修三则，避免七大错误 // 157

（十七）战道：战场时空不同，战法各有特色 // 160

（十八）和人：统军作战之道重在于人和心齐 // 164

（十九）察情：战场侦察敌情，应当由表及里 // 167

（二十）将情：善将者重情，与官兵同甘共苦 // 172

（二十一）威令：善将者立威，令必行且法必依 // 177

（二十二）东夷：东部民族特性及其应对的策略 // 180

（二十三）南蛮：南方民族特性及其应对的策略 // 184

（二十四）西戎：西部民族特性及其应对的策略 // 187

（二十五）北狄：北方民族特性及其应对的策略 // 189

三、"将道"与识人用人为人艺术

（一）识将之道，重在察实 // 195

（二）选将之道，务在精选 // 197

（三）拜将之道，要在立威 // 199

（四）驭将之道，妙在有方 // 203

（五）为将之道，贵在有能 // 207

（六）智将之道，巧在心胜 // 215

后记 // 222

前　言

一、《将苑》与诸葛亮

（一）《将苑》其书

《将苑》是一部专论为将之道的军事著作，其名始见于南宋尤袤著《遂初堂书目》，题《诸葛亮将苑》。元末明初陶宗仪《说郛》（四库全书本）收诸葛亮撰《新书》，共46篇。明代焦竑编《国史经籍志》收书目《孔明心书》《诸葛亮将苑》，未见其文。及至明中期，兵部主事王士骐编《诸葛忠武侯全书》（崇祯十一年戊寅刊本）首次完整收录全文，名《心书》，共50篇，比陶宗仪所收《新书》多"东夷、南蛮、西戎、北狄"4篇。崇祯年间，诸葛亮三十六世孙诸葛羲编《汉丞相诸葛忠武侯集》，于卷八中再次辑录，始更名为《将苑》。现存版本中，《诸葛武侯心书》《心书》《新书》《将苑》称谓皆有，虽细节略有差异，但核心内容与精神要旨一脉相承，实为同书异名。因《将苑》之名出现较早，故本书采用《将苑》。

《将苑》全书5000余字，书中博采《孙子兵法》《吴子》《六韬》《左传》中的经典名言，对为将艺术进行了全面而深刻的剖析。原著文字简洁，妙语连珠，警句迭出，既化用前人经典名言，又有所创新，在思想上、文学上均具有极高的欣赏价值。

（二）千年的悬疑——《将苑》作者之谜

《将苑》自见于典籍以来，便与三国时期的杰出政治家、军事家诸葛亮紧密相连。然而该书究竟是不是诸葛亮所撰，历史上说法不一。否定的一方认为，《三国志》作者西晋陈寿编《诸葛氏集》24篇未收录《将苑》，隋唐诸志亦不见其影踪，尽管清张澍注"澍按《隋书·经籍志》诸葛亮《将苑》一卷"，然现存《隋书·经籍志》版本未得证实。而宋人书目仅录其名，全文至明代方得收录。所以不少人据此认为《将苑》不是三国时期的作品。《四库全书·总目提要》则从思想体系和内容来考证，指出："考五十篇内之文，大都窃取《孙子》书而附以迂陋之言，至不足道，盖妄人所伪作。"肯定的一方认为，历史上作品遗漏现象很正常，陈寿曾指出，当时蜀汉"国不置史，注记无官，是以行事多遗"，陈寿是史学家，曾在蜀国生活过，他的话可信度很高。

笔者认为，诸葛亮足智多谋，有丰富的军事思想和大量的战争实践，被人们誉为智慧的化身，应当不至于在自己的著作中直接大篇幅地搬用前人的经典名言。此外，书中并无一处提及三国时期群雄逐鹿、彼此征战的场景，所引述的案例与人物事迹多源自先秦时期。据此也可以推断，该书当为后人伪托诸葛亮之名所作。

（三）《将苑》的特色

虽然作者究竟是谁至今难以定论，但是托名之书并非伪劣之作。总体来看，该书在中国兵书发展史上还是有其独特贡献的。作者定位于为将之道，吸收前人有关论将的思想精华，融入个人的见解，从六个维度系统地论述了为将之道的丰富内涵：一是明确了将帅的定位、选拔、任用标准及评判体系；二是阐述了将帅应具备的能力、素质、品德修养与性格特质；三是指出了将帅应避免的弱点与缺陷；四是探讨了将帅统军作战应具备的指挥艺术；五是强调了将帅治军带兵应掌握的领导管理方法；六是解析了将帅在各种复杂战场、边远战区灵活应变的战法。尤为值得一提的是，作者巧妙地将心理分析与管理方法融入论述之中，赋予了这部作品鲜明的心理学色彩。细品书中名言警句，体会其深刻内涵，通观全书框架和逻辑思路，不难发现此书有多方面的价值。

（四）《将苑》的价值

《将苑》思想内涵丰富，对为将之道的探讨深入透彻，其独特价值主要体现在以下三个方面。

首先是思想价值。中国古代从思想上专论为将之道的兵书独此一部。宋代张预的《百将传》、明代冯孜的《古今将略》，侧重于记录古代将领的事迹，而非深入系统的思想理论研究。《将苑》从六个维度阐述为将之道，层层递进式地揭示了将帅选拔、任用、自我修养、统军作战的全过程，集中展现了古代优秀将帅的品质和能力，归纳了战争史上成功的作战方法和指挥技巧，不失为后世将帅必读的教科书。

其次是学术价值。作者虽然主要从军事角度探讨为将之道，但书中许多思想内容与现代领导学、管理学、人才学、心理学所研究的问题密切相关，不少思想观点非常鲜活，至今仍未过时，可作为诸多领域专家学者的重要参考。

最后是实践价值。历史是现实的镜子，经典是最好的教材。《将苑》作为一部探讨为将之道的专著，几乎每篇观点均与现实领导工作契合。无论是军界、政界、商界还是学界的领导者，他们肩负的职责、面对的挑战、处理的事务，均与古代将帅十分相似，在识人、选人、用人、育人及为人处世等方面更是相差无几。深入理解和掌握《将苑》中的为将之道，对于提升现代领导者的个人素质和精进领导技巧大有裨益。拿破仑曾说："不想当将军的士兵不是好士兵。"不仅军人，各行各业怀揣梦想的年轻人，都渴望实现自己的远大抱负。如果能够切实践行《将苑》中有关将帅品质、性格、能力、素质、情趣等方面的要求，无疑会大大增加实现梦想的可能性，助力人生精彩蜕变。

二、诸葛亮传奇的一生

诸葛亮（公元181年—234年），字孔明，琅琊郡阳都县（今山东临沂市沂南县）人，三国时期蜀汉丞相，是一位杰出的政治家、军事家、散文家、书法家、发明家。他在世时被封为武乡侯，逝世后被追谥为忠武侯。

（一）家道中衰，艰难成长

诸葛亮出身于官宦人家，先祖诸葛丰在西汉元帝时曾做过司隶校尉。司隶校尉是主管纠察京师百官及京师附近郡县犯法者的官员，职权相当于刺史。诸葛丰为官清正，因违忤当朝权贵被罢黜。诸葛亮父亲诸葛珪，东汉末年曾任兖州泰山郡郡丞（郡守辅官）。他有三儿两女，长子诸葛瑾、次子诸葛亮、幼子诸葛均，二女史籍未载其名。

诸葛亮幼年时，生母章氏就病故了，八岁左右父亲又去世，由此家道中落，诸葛亮姐弟几人由叔父诸葛玄抚养长大。《三国志·诸葛亮传》记载：诸葛玄被袁术委派为豫章郡（今江西南昌市）太守，诸葛亮与其姐弟也就随叔父南下。还没有赶到任所，东汉朝廷又改派朱皓为太守，诸葛玄只好去襄阳投靠旧友荆州牧刘表。另一种说法是裴松之在《三国志注》引《献帝春秋》的记载：豫章太守周术病亡后，刘表荐封诸葛玄接替，治南昌（今江西南昌）。东汉朝廷听闻周术过世，任命朱皓代替诸葛玄为豫章太守，朱皓为确保官位，请求扬州刺史刘繇出兵，共击诸葛玄，诸葛玄退守西城。建安二年（公元197年）正月，西城居民叛乱，杀诸葛玄，斩其首级送与刘繇。两种记载虽然有些差异，但结果都表明诸葛玄在接任豫章太守未遂后不久就死了。诸葛玄死后，诸葛亮便带其弟诸葛均去隆中躬耕。

诸葛亮迁居隆中时大约十七岁，已经具备了很强的独立思考能力和高超的社交技巧，但他并不急于投身世事，而是隐居隆中茅舍，度过了十年躬耕苦读生涯。这期间，有两位老师对他影响深远：一位是襄阳的大名士庞德公，他人品高洁，刘表多次请他做官，都被他拒绝了。他的儿子庞山民娶诸葛亮姐姐为妻，侄子庞统又是诸葛亮的好朋友，诸葛亮对他非常尊重；另一位是著名的古文经学家司马徽，他曾是诸葛亮在学业堂学习时的老师，对诸葛亮教诲颇多。在两位老师的熏陶下，诸葛亮博览群书，喜欢"观其大略"，注重把握典籍中的精华，这与他的朋友徐庶等人务求精熟的读书方法有很大差异。或许，正是这种读书方法，使诸葛亮逐渐养成重宏观、看长远的战略思维习惯。

在躬耕苦读的过程中，诸葛亮并未将自己完全局限在家中，而是广泛交结四方朋友。东汉末年，天下大乱，而以襄樊为州治的荆州地区是相对安稳的地带，经济发达，文化繁荣，是各地文人学士的理想避难场所。正如《三国志·王卫二刘傅传》记载："士之避乱荆州者，皆海内之俊杰也。"襄阳人才荟萃，为诸葛亮寻师访友提供了有利条件。在襄阳，诸葛亮结交了崔钧、徐庶、石韬、孟建等人。他们经常"晨夜相从"，读书吟诗，说古论今。崔钧与徐庶是诸葛亮在学业堂的同学，两人认定诸葛亮能像管仲、乐毅一样成就大事业。后来，四人在魏国做官。诸葛亮北伐时，还写信给司马懿，希望司马懿请杜袭向孟建问好，可见其感情之深。此外，诸葛亮与襄阳本地一些青年才俊也成了至交，如庞统、杨颙、杨仪、马良、马谡、廖化、向朗等，这些人后来大多成为蜀国的文臣武将。广泛交结士林，使诸葛亮增长了学识，扩大了朋友圈，积累了多方面的人脉资源。

（二）传奇婚姻，才情相吸

躬耕苦读三年后，诸葛亮年满二十岁，到了谈婚论嫁的年龄，因没有父母长辈做主，他就自己在襄阳一带留心寻求适合自己的伴侣。诸葛亮"有逸群之才，英霸之器，身长八尺，容貌甚伟"。如此出类拔萃的人物，择偶的标准自然不低，以至于诸葛亮一直没找到合适的人选。

有一位叫黄承彦的老先生听说有"卧龙"美誉的诸葛亮正在寻求姑娘准备结婚成家，立即亲自造访诸葛亮的草庐。《三国志·诸葛亮传》裴松之注引《襄阳记》对此有如下记载："黄承彦，高爽开朗，为沔南名士。谓孔明曰：'闻君择妇，身有丑女，黄头黑色，才堪相配。'孔明许焉，既载送之。时人以为笑乐，乡里为之谚曰：'莫作孔明择妇，正得阿承丑女。'"意思是说，黄承彦老先生，高雅、直爽而开明，当时是沔水南岸的地方名流。他前来对诸葛亮说道："听说您诸葛君正在选择自己的主妇，老夫正好有一个长得有点丑的女儿，头发黄而皮肤黑，但是她的才气却堪与您相配，不知您意下如何？"诸葛亮应允了这门亲事，于是黄老先生就把女儿用婚车载往隆中的草庐嫁给了诸葛亮。

这位黄老先生可谓智慧过人，一眼看出诸葛亮是个千里马，毫不犹豫地出手把握机会，主动上门为自己女儿做媒，更难能可贵的是，他没有把女儿夸赞得天花乱坠，而是如实说出女儿的缺点和优点，甚至还把缺点放在前面先说，一点也不隐瞒，真是一位古今罕见的老丈人。

有人推测，黄承彦说"丑女"，其实是一种谦虚的措辞。实际上，他的女儿并不一定就非常丑陋难看。这就好比后世有点学识的文化人，在介绍自己的妻子时，经常说"拙荆""贱内"一般，虽口头上谦称"拙"和"贱"，实际上却丝毫无拙劣、低贱之意。此外，黄老先生此举或许也有故意测试对方的意思，想看看这位年轻人在内涵和品位上究竟怎么样，在选择自己的伴侣之时，是否也像登徒子那样只知道好色，把容貌视为最重要的条件。

遗憾的是，黄老先生说的是实话。史书上记载的黄阿丑，本名黄月英，确实不漂亮，又黑又瘦，一头黄发，身形不匀。很多人不理解，诸葛亮一生行事谨慎，稳扎稳打，从无失算，为什么在终身大事上连对方的面都没见就一口答应呢？

诸葛亮在统军作战和日常生活中，一贯展现出对敌情和事物本质的敏锐洞察。他习惯于在行动之前进行深入的研究和了解，这一特点也体现在他对人和事的判断上。他长期生活在襄阳这个三面环水、一面环山的小城市，对城中各大家族及其成员的情况了如指掌，这自然也包括了对各家千金才情相貌的了解。当黄老先生为诸葛亮提亲，介绍黄月英时，诸葛亮欣然应允，主要基于两点考虑：一是他对黄老先生的人品和学识深表钦佩，渴望与高人为伍；二是他早已了解黄月英的才情和品德，知道她出自高雅名门，能诗善文，博学多识。这两个因素使得诸葛亮对这门亲事充满信心，当场就拍板答应，这也在情理之中。

诸葛亮的爽快应允，让黄老先生大喜过望。于是，黄家很快就用婚车将女儿黄月英送到隆中，与诸葛亮喜结连理。婚后，诸葛亮发现妻子果然才德出众，不仅处处体贴丈夫，还勤劳持家，成为他事业上的贤内助。

相传，在诸葛亮居住隆中时，家中常有友人到访，他们有的喜食米饭，有的喜食面食。不久，饭菜便都准备好了，客人们对黄月英做饭速度之快感到惊讶，于是悄悄前往厨房窥视，只见几个木人正在舂米，一个木驴飞快地运转着磨盘。诸葛亮对妻子的聪明才智深感敬佩，并请求她传授这项技术。后来，他在此基础上进行了改进，发明了著名的"木牛流马"，这一发明在后来的五次北伐中发挥了重要作用，解决了几十万大军的粮草运输问题。此外，诸葛亮还发明了新式武器"连弩"，在战场上克敌制胜，魏国大将张郃就死于这种武器之下。据说，这些发明的灵感都来源于黄月英的木驴运磨。不仅如此，诸葛亮在率兵渡过金沙江，深入南中，七擒孟获的过程中，为避瘴气而发明的"诸葛行军散"和"卧龙丹"，据说也是黄月英传授给他的。这些故事虽然无法考证其确切出处，但无疑增添了诸葛亮与黄月英这对夫妇的传奇色彩。

现在，也有些人分析，诸葛亮娶黄月英，看中的是黄月英的家族势力和深厚背景。黄月英是刘表的后妻蔡氏和地方当权派蔡瑁的外甥女。通过黄月英，可以与荆州的最高层攀上关系。在当地站稳脚跟，对四处颠沛流离的诸葛亮一家而言非常重要。同时，融入社会上层，能更便捷地获取官场信息，为今后的发展奠定坚实的基础。岳父黄承彦作为"沔南名士"，善于结交当时的名流，比如庞德公、司马徽等人都是他朋友圈内的高人。诸葛亮可以借此与名士为伍，扩大自己的影响。

这种分析从逻辑上看似乎有道理，但结合诸葛亮的人格特性来看就有些牵强了。诸葛亮自视甚高，年轻的时候就经常自比管仲、乐毅，认为自己有治国安邦的雄才大略。如此富有雄心壮志的人，怎么可能用自己的一生幸福去博取一时的人脉？更何况功成名就之后的诸葛亮对黄月英仍然不离不弃，携手一生。显然，诸葛亮的婚姻选择并非出于权宜之计，他看重的不是家族背景和当朝权势，而是黄月英的才能和为人品德。这种择偶标准，实在令人敬佩。

（三）躬耕苦读，静待良机

中国古代仁人志士历来有隐居的传统，他们之中，有的是恣意的文人，有的是落魄的政客，有的是潜藏的志士。他们往往在某座山中隐居数年，甚至数十年。其原因大致有以下几点：一是本性使然，性本爱丘山；二是仕途受挫，人生在世不称意，明朝散发弄扁舟；三是惧怕灾祸，李斯有黄犬悲，陆机有华亭叹，因此上功名意懒；四是厌恶官场，一家富贵千家怨，躲进山中得清闲；五是隐忍待机，养精蓄锐。孙武当年从齐国跑到吴国，举目无亲，两手空空，没有任何资源和资本，但又想成就一番大业，于是先选择在姑苏城外穹窿山下隐居五年。在此期间，他一边广结朋友，一边分析天下大势，同时苦读兵书，陆续写出兵法十三篇，最终得到吴王阖闾赏识，拜为将军。作为兵家智慧的传承者，诸葛亮隐居隆中，恐怕也有师承孙武之意。

诸葛亮迁居隆中时才十七岁，最初选择此处可能是由于叔父死后的生活所迫，但是后来耐得十年寂寞，坚持躬耕苦读，显然是深思熟虑的结果。其一，古隆中所在的襄阳城，地理位置十分重要，是中原曹操势力、东部孙权势力和荆州刘表势力，以及四川刘璋势力的交汇处，人才汇集、信息发达，是士人才俊选择投靠明主的最佳驻足地。诸葛亮隐居此处，可以做到"秀才不出门，可知天下事"。其二，诸葛亮是一个有抱负的年轻人，但是无父无母、无权无势，不可能直接伸展抱负，于是他效仿孙武，隐居躬耕，静待时机。他一边博览群书，一边广交士林，扩大人脉资源，为未来铺路。其三，诸葛亮不愿依附于刘表。刘表胸无大志，当时天下群雄并起，互相兼并，而他只想坐保一方，整日沉迷于声色犬马之中，而且"外貌儒雅，心多疑忌"，排挤人才，其领地随时有被别人吞并的风险。跟着刘表显然无法实现诸葛亮的远大抱负。诸葛亮在《出师表》中说当时是"苟全性命于乱世，不求闻达于诸侯"，可以看出他郁闷的心境。

当我们深入探讨诸葛亮的隐居生活时，一个不可忽视的问题便是他躬耕的具体地点。诸葛亮在《出师表》中自述："臣本布衣，躬耕于南阳"，明确说明躬耕地在南阳。然而，南阳究竟位于何处，却成为了一个历史之谜。我国现存的三国文物古迹中，有两处被视为诸葛亮隐居躬耕的地方。一处是湖北省襄阳西的隆中，一处是河南省南阳市区的卧龙岗。这两个地方都有大量诸葛亮的遗迹存在，而且遗迹内容大体相同，使得诸葛亮的隐居之地更加扑朔迷离。

从陈寿《三国志》成书到宋代一千多年，史料记载都是一致的，即"南阳"指襄阳隆中。元代以后，在南阳县出现了一个卧龙岗武侯祠，为真假躬耕地之争埋下了伏笔。明清以来，南阳、襄阳两地并没有出现大的争论风波。中华人民共和国成立后，两地的认识也基本一致，即襄阳隆中是诸葛亮躬耕地，南阳武侯祠则是诸葛亮纪念性建筑。

清道光年间，南阳知府顾嘉蘅在任时给南阳武侯祠写了一副对联，可谓大心胸、大手笔，不妨作为解决此迷题的基本态度："心在朝廷，原无论先主后主；名高天下，何必辩襄阳南阳。"

（四）茅庐献策，隆中定计

汉末，黄巾事起，天下大乱，曹操坐据朝廷，孙权拥兵东吴，汉宗室豫州牧刘备为曹操所败，投奔荆州的刘表。他驻军河南新野，积极联络当地豪杰，四处寻求贤才，以图东山再起。建安十二年（公元207年），刘备在访问精通奇门的隐士司马徽时，司马徽说："儒生俗士，岂识时务？识时务者在乎俊杰。此间自有卧龙、凤雏。"他推荐了诸葛亮和庞统。差不多同时，曹操为了得到刘备的谋士徐庶，谎称徐庶的母亲病了，让徐庶立刻去许都。徐庶被迫离开刘备。临走时他告诉刘备，卧龙岗有个奇才叫诸葛亮，如果能得到他的帮助，就可以得到天下了。刘备立刻请他把诸葛亮带来，徐庶郑重地说："此人可就见，不可屈致也。将军宜枉驾顾之。"见徐庶如此看重诸葛亮，刘备心生敬意和期待。于是，他与关羽、张飞一起带着礼物到南阳，登门拜访。

关于诸葛亮的出山，在《三国志》上只有短短一行字："先主遂诣亮，凡三往，乃见。"这行文字被罗贯中演绎为一个精彩的故事。

当刘备、关羽、张飞三人来到诸葛亮的茅舍时，恰巧诸葛亮这天出去了，刘备只得失望地回去。不久，刘备又和关羽、张飞冒着大风雪第二次去拜访茅舍。不料诸葛亮依旧外出闲游未归。张飞本不愿意再来，见诸葛亮不在家，就催着要回去。刘备只好留下一封信，表达自己对诸葛亮的敬佩之情，请他出来帮助自己挽救国家危险局面。过了一段时间，刘备斋戒三天之后，准备再去请诸葛亮。关羽说诸葛亮也许是徒有虚名，未必有真才实学，劝刘备不必再访。张飞则主张由他一个人去请，如诸葛亮不从，就用绳子把他捆来。刘备把张飞责备了一顿，又和他俩第三次来到卧龙岗。当他们来到诸葛亮的茅舍前时，已经是中午，诸葛亮正在睡觉。刘备让关羽、张飞在门外等候，自己在台阶下静静地站立着。过了很长时间，诸葛亮才醒来，见刘备及关羽、张飞在门外立候多时，深受感动，这才请三人进入茅舍，坐下交谈。

虽然罗贯中增加的细节多为基于合理想象的虚构，但是合情合理。《三国志》记载的"凡三往，乃见"确有其事。至于刘备前两次拜访隆中为什么都扑了空，是正巧诸葛亮外出，还是有意回避，不得而知。这就给后人留下了广阔的想象空间，先后出现了多种说法，诸如欲擒故纵说、待价而沽说、反复试探说、举棋不定说等等，不一而足。

诸葛亮是一个有志于天下的人，他的追求远超商人对于得失的精密计算，他需要的是一位值得信赖和依靠的英明君主。就像春秋末期的孙武，呕心沥血撰写的兵书要选择真正有志于天下的君主。于是，孙武在吴宫以宫女进行兵法演练时，果断地斩杀了两位嬉笑轻浮的吴王宠妃，这一举动在常人看来，无异于自寻死路。孙武为何敢于下手？其实，孙武这是在用性命作为投名状，以检测吴阖闾拜将的诚意，同时看看他究竟是爱美人还是爱江山。诸葛亮前两次避而不见刘备，大致也是出于这种考虑。

诸葛亮"未出茅庐而知天下事",虽然表面上隐居耕读,实际上随时关注天下大势,观察各方风云人物,对号称刘皇叔的刘备肯定有所耳闻,对其前来拜访的意图也心知肚明。但是,诸葛亮需要试炼他求贤的诚意,要评估他打天下的意志。如果刘备因一两次碰壁就轻易放弃,说明他只是爱面子,并不爱人才,诚意不够,意志不坚。所幸刘备没有像关羽、张飞那样轻言放弃,而是坚持不懈,三次拜访,甚至长时间立于门外等候。一位46岁的汉室宗亲如此礼遇27岁的乡野小伙,其诚意,其意志,足以打动人心。诸葛亮在著名的《出师表》中有"先帝不以臣卑鄙,猥自枉屈,三顾臣于草庐之中"之句,道出了当时感动的心情,以及幸得明君的喜悦。

诸葛亮将刘备请入茅舍。落座后,刘备叫关羽、张飞等人退下,诚恳地说明来意:"现在汉室的统治崩溃,奸臣当道,皇上都被迫出奔了。我自不量力,想要为天下人伸张大义,然而才智与谋略短浅,打了不少败仗,以至于弄到今天这个局面。但是我的志向到现在还没有罢休,仍然希望恢复汉家天下,您认为该采取什么样的办法呢?"

诸葛亮早知刘备的来意,预先就琢磨过他要提出的问题,于是从几个方面帮他分析了天下大势,以及斗争各方的状态。

他首先从主要对手说起:"自董卓独掌大权以来,各地豪杰同时起兵,占据州、郡的人不可胜数。现在曹操已经打败了袁绍,拥有百万大军,挟持皇帝来号令诸侯,军事强大,政治有利,这确实不能直接与他争强。"然后又分析次要对手:"孙权占据江东,已经历了父兄两代的经营,民众拥戴,又任用了有才能的人,我们可以把他作为外援来依靠,但是不可谋取他。"

北面、东面分析完了,接着从南面分析:"荆州北靠汉水、沔水，一直到南海的物资都能得到，东面和吴郡、会稽郡相连，西边和巴郡、蜀郡相通，这是大家都要争夺的四通八达之地，但是它的主人刘表却没有能力守住它，这大概是上天有意拿来资助将军的，将军您可有占领它的想法呢？"

除了荆州，还有益州，诸葛亮分析说："益州地势险要，有广阔肥沃的土地，自然条件优越，高祖凭借它建立了帝业。现在刘璋昏庸懦弱，张鲁在他北面虎视眈眈，那个地方虽然殷实富裕，物产丰富，刘璋却不知道爱惜，有才能的人都渴望得到贤明的君主。"

前后左右对手的情况分析一遍，诸葛亮接着分析刘备的情况，认为刘备现在虽然实力不如曹操和孙权，但也有两大优势，其一，"将军既帝室之胄，信义著于四海"，刘备是汉室后裔，声望很高，闻名天下；其二，"总揽英雄，思贤如渴"，刘备广泛招揽英雄，重用人才，深得人心。凭着这些优势，如果谋划得当还是可以争夺天下的。

接着诸葛亮提出了三步走的战略：第一步，先占据荆、益两州，守住险要的地方，作为立足之地；第二步，与西边的戎族部落通好，安抚南边的少数民族，对外联合孙权，对内革新政治；第三步，一旦天下形势发生了变化，就派一员上将率领荆州的军队直指中原一带，由刘备亲自率领益州的军队向秦川出击，夹击曹魏。最后，他信心十足地说："如果真能这样做，那么称霸的事业就可以成功，汉室天下就可以复兴了。"

一番话，使刘备茅塞顿开，大喜过望。他高兴地对关羽、张飞说："我得孔明，如鱼得水。"旋即，恳请诸葛亮出山，帮助他恢复汉室，谋霸天下。诸葛亮经过几番考察，也认定刘备是可依之主，欣然同意刘备恳求，从此走出茅庐，辅助刘备打天下。

这次谈话即著名的《隆中对》。刘备后来基本上就是按照这个战略方案建立了蜀汉政权，形成了天下三分的战略格局。

（五）联吴抗曹，赤壁大战

公元208年7月，曹操统一北方后，亲率20万大军南下，进攻荆州。8月，刘表病死，其子刘琮不战而降。驻守樊城的刘备大为惊骇，率军退走，经过襄阳。刘琮左右以及荆州人多归附刘备，到达当阳（今湖北当阳市东）时，有众十余万人，辎重数千辆，影响了行军速度，日行仅十余里。曹操率精骑五千急追，在当阳长坂击破刘备。刘备抛弃妻子儿女，与诸葛亮、张飞、赵云等数十骑逃难，最后与先期出发的关羽水军会合，渡过汉水，遇刘表长子刘琦所率万名水军。刘备跟随刘琦抵达夏口（今湖北武汉市汉口）。曹操一路长驱直入，占据了江陵（今湖北江陵）。

刘备孤立无援，形势十分危急，诸葛亮主动要求出使柴桑（今江西九江市西南），劝说孙权联刘抗曹。孙权当时拥兵不动，观望成败，犹豫不决。诸葛亮单刀直入，指出孙权面临两种抉择：一是估量实力，若能够抵抗曹军的进攻，就与曹操断交决战；二是束手就擒，称臣投降。并尖锐地指出，临事而不决，必将大祸临头。

孙权问诸葛亮，刘备为什么不投降曹操。诸葛亮引用了一个历史典故：楚汉相争时，齐国贵族田横自立为齐王，汉灭楚之后，田横率五百人逃入海岛，刘邦派人征召，田横因耻于向刘邦称臣，在去洛阳的途中自刎。诸葛亮借题发挥，指出田横是齐国的壮士，尚且守义不辱，身为汉皇室后裔的刘备，英才盖世，众望所归，谋事在人，成事在天，与曹操争夺天下，怎能甘拜下风，连一个田横都不如？诸葛亮还指出，曹军虽多，但"远来疲敝",又"不习水战",且"荆州之民附操者,逼兵势耳,非心服也"。如果孙、刘两家同心协力,必能打败曹操。

诸葛亮的激将法和慷慨陈词,终于说服孙权。孙权派遣周瑜、程普、鲁肃率精兵3万西上,与刘备共同抗曹。11月,孙刘联军与曹军对峙于赤壁。曹操将战船首尾相连,结为一体,以利演练水军,伺机攻战。周瑜利用曹操的骄傲轻敌,采纳部将黄盖所献火攻计,并令其致书曹操诈降,曹操中计。黄盖择时率蒙冲斗舰数十艘,上装柴草,灌以膏油,假称投降,向北岸进发。至离曹营二里之处时,各船一齐点火,然后借助风势,直向曹军冲去,曹军舟船因连成一体无法动弹,很快就被大火烧毁,官兵四处逃窜。火势延及岸上营寨,孙刘联军乘势出击,曹军死伤过半,不得不向北撤退,仅留征南将军曹仁固守江陵。

曹军败退后,刘备采纳马良的计谋,乘胜南下,一举攻占了武陵、长沙、桂阳、零陵四郡,并任命诸葛亮担任军师中郎将一职,负责征调零陵、桂阳、长沙三郡的赋税,以供军用。

(六)攻取益州,受托白帝

公元211年,刘璋听说曹操准备夺取益州,十分着急。在张松怂恿下,请刘备率兵入川,保护益州安全。诸葛亮认为这是一个入主益州的好机会,力劝刘备应允。刘备留诸葛亮等人镇守荆州,亲自率军向益州挺进。第二年冬,刘璋发觉张松私通刘备,将张松处死,并下令闭关。然而此时刘备已占领涪城(今四川绵阳),向成都挺进。诸葛亮让关羽守荆州,亲自率数万大军溯江而上,与刘备会师成都。公元214年夏,刘璋被迫出城投降。公元219年,刘备又攻占汉中,实现了"跨有荆、益"的战略决策。同年,孙权发兵袭取荆州,荆州失守,关羽败走麦城,被吴军所杀,吴、蜀联盟破裂。

公元220年，北魏的曹丕逼迫汉献帝禅位于他，自立为帝。就在曹丕称帝后次年，即公元221年4月，刘备在诸葛亮等人建议下也紧随其后称帝，定都成都，国号为"汉"，以汉室宗亲的身份重新建立汉朝，延续东汉大统，年号"章武"。称帝三个月后，刘备为了替关羽报仇，不听诸葛亮等人的劝阻，怒而兴师，被陆逊诱敌深入之计陷入长江猇亭一带狭道，连营数十里，结果被吴军火烧连营，兵败夷陵（今湖北宜昌）。

公元223年夏，刘备病死于白帝城（今重庆市奉节县）。刘备临终时托付诸葛亮辅佐太子刘禅，恳切地说："君才十倍曹丕，必能安国，终定大事。若嗣子可辅，辅之；如其不才，君可自取。"也就是说刘禅值得辅佐时，就加以辅佐，成不了大器时可取而代之。诸葛亮感激涕零地说："臣敢竭股肱之力，效忠贞之节，继之以死！"刘禅继位后，诸葛亮被封为武乡侯，领益州牧，掌管蜀汉军政大权。刘禅对诸葛亮以"相父"相称，诸葛亮亦忠心辅佐后主，鞠躬尽瘁，矢志不渝。

（七）再联孙吴，七擒孟获

蜀汉在与东吴的战争中，损失巨大，元气大伤，全国上下一片悲怨，南中地区少数民族又乘机发动叛乱。在这样特殊的环境中，诸葛亮从大局出发，坚决落实隆中的既定方针，力排众议，毅然派邓芝出使东吴，恢复联盟关系，以解东顾之忧。将情感与理智截然分开，体现了一个成熟政治家的素质。

稳住东吴后，诸葛亮便可腾出手来对付南方威胁。公元225年，诸葛亮南征。马谡在送别时说，南中倚恃其地势险远，不服已久，即使今天征服它，明天还会叛变。因此建议："夫用兵之道，攻心为上，攻城为下，心战为上，兵战为下，愿公服其心而已。"诸葛亮依据马谡之策，对孟获七擒七纵，使孟获深感不是对手，也明白诸葛亮不愿与南中人为敌，最后甘愿臣服，声称："公，天威也，南人不复反矣。"此后蜀军北伐时，南人不但没反，还源源不断地供应了大量物资。

后方稳固之后，诸葛亮开始着手全方位恢复蜀国元气。他革除弊政，励精图治，推行法制，惩治豪强，"科教严明，赏罚必信，无恶不惩，无善不显"（陈寿《三国志》）。在他的治理下，蜀汉出现"道不拾遗"的清明局面。此外，他采取休养生息的政策，发展生产，兴修水利，分兵屯田，提倡节俭，使蜀汉民殷国富。他还根据蜀汉人少国小的特点，创建了一支短小精悍、纪律严明、训练有素的军队，这支军队以其独特的战斗力和顽强的意志著称，被世人誉为"无当飞军"。无当飞军的建立，也为北伐做好了充分的准备。

（八）五次北伐，病死征途

诸葛亮为人非常重情重义，刘备对他既有知遇之恩，三顾于茅庐之中，临终又将江山社稷托付给他，并且说："君才十倍曹丕，必能安国，终定大事。"（陈寿《三国志》）这里所言的"安国"和"大事"，指的是恢复汉室天下。于是诸葛亮执掌蜀国军政大权后，一直以北伐为己任。

建兴五年（公元227年），蜀汉国力有所恢复，诸葛亮决意率军北进，准备征伐魏国。他在《出师表》中说："先帝知臣谨慎，故临崩寄臣以大事也。受命以来，夙夜忧叹，恐托付不效，以伤先帝之明……今南方已定，兵甲已足，当奖率三军，北定中原，庶竭驽钝，攘除奸凶，兴复汉室，还于旧都。"这段文字清楚地说明，其北伐的目的在于报答先帝刘备对他的知遇之恩，完成先帝光复汉室的遗愿。

有人说这是愚忠。其实，作为一个战略家，诸葛亮北伐当然不是单纯为了报答知遇之恩,更深层的目的,是从战略高度出发,主动地以攻为守,以保存蜀汉政权。诸葛亮十分清楚,仅仅拥有益州之地是无法和强大的曹魏抗衡的,战争的本质,归根结底是经济实力的比拼。曹魏政权占据中国北部广袤的土地,约占当时中国面积的三分之二,而且中原地区土地肥沃,人口众多,经济繁荣程度远超益州,曹魏的国力要远远强于蜀汉。如果消极防守,一旦曹魏积聚力量攻打蜀汉,蜀汉将无法抵挡。所以,诸葛亮采取的战略是"以攻为守",用主动进攻来打乱曹魏的经济发展和战略部署。

从公元228年春至公元234年冬,诸葛亮先后五次兵出汉中,对曹魏发动攻击,但是败多胜少。

第一次北伐比较有声有色。公元226年,魏文帝曹丕死,其子曹叡继位,缺乏统治经验,国内动荡不安。两年后,即公元228年4月,诸葛亮抓住有利时机,亲率主力向祁山(今甘肃礼县东)推进。魏国措手不及,南安、天水、安定三郡相继投降。诸葛亮又收降了魏将姜维。但由于先锋马谡的指挥错误,导致街亭失守,北伐功亏一篑。

第二次北伐是同年冬,诸葛亮出散关(今陕西省宝鸡市西南),围陈仓(今陕西省宝鸡市东),粮尽而退还汉中。魏将王双来追,被斩。

第三次北伐在次年春天展开,即建兴七年(公元229年),诸葛亮派遣陈式攻打武都(今甘肃省成县周边)、阴平(今甘肃省文县周边)二郡。魏雍州刺史郭淮引兵救之,诸葛亮亲自出至建威(今甘肃省西和县西),郭淮退却,蜀军赢得二郡。建兴八年(公元230年)秋,魏军三路进攻汉中,司马懿走西城(今陕西省安康市西北),张郃走子午谷,曹真走斜谷。诸葛亮驻军于城固（今陕西省城固县东）、赤坂（今陕西省洋县东）。时逢大雨三十余天，魏军撤退。同年，诸葛亮派魏延、吴懿率军西入羌中，大破魏军后将军费曜、雍州刺史郭淮于阳溪（今甘肃省武山西南）。

第四次北伐，即建兴九年（公元231年）春，诸葛亮再次率军出征，这次他改进了运输工具，新发明的"木牛流马"能在崎岖的山路上运输物资，成功地解决了后勤保障问题，蜀军得以包围祁山。魏主曹叡立刻派司马懿为统帅，督军抵抗。诸葛亮知道后，留下王平继续领军攻打祁山，自己率主力迎战司马懿。诸葛亮在上邽打败了魏将郭淮、费曜，想一举打败司马懿大军。司马懿深知蜀军远道而来，粮食后勤有限，便凭险坚守，做好防御措施，拒不出战。魏军将领见司马懿如此懦弱，十分不满，都讥笑他。在众将的一再要求下，司马懿只好派张郃攻打王平率领的无当飞军，然而张郃久攻不下。与此同时司马懿则率众迎击诸葛亮，诸葛亮派大将魏延、高翔、吴班分三路领兵作战，大败魏军，杀掉魏军三千多人，获得战利品玄铠五千、角弩三千多。司马懿再不出战。六月，蜀将李严运粮不济，迫使诸葛亮不得不撤军还师。

第五次北伐是建兴十二年（公元234年）春，诸葛亮经过三年准备，再次率十万大军出斜谷口，同时派使臣到东吴，希望孙权能同时攻魏。四月，蜀军到达郿县（今陕西眉县），在渭水南岸的五丈原下扎营寨。司马懿则率领魏军背水筑营，想再次以持久战消耗蜀军粮食，迫使蜀军自行撤退。诸葛亮为避免出现粮草短缺问题，开始屯田生产粮食。孙权也曾率十万大军北上响应蜀汉，但被曹叡亲自率军打败。魏、蜀两军相持了一百多天，其间诸葛亮多次派人挑战，司马懿军始终坚守不出。

诸葛亮甚至故意让人带一套女人的衣服、头巾送给司马懿，羞辱司马懿就像女人一样懦弱。魏军将领见此情形都火冒三丈，纷纷要求出战。司马懿老谋深算，不上诸葛亮的当，继续采取以逸待劳之法，固守不战。蜀军始终寻求不到与魏军主力决战的机会。诸葛亮操劳过度，抑郁成疾，于是年八月病死于五丈原，蜀军不得不分路撤回。诸葛亮为完成刘备的嘱托，战斗到了生命的最后一刻，践行了自己"鞠躬尽瘁，死而后已"的诺言，时年五十四岁。诸葛亮死后谥号忠武侯，遗命葬于定军山（今陕西勉县西南）。

（九）天下奇才，智者楷模

诸葛亮，堪称中国传统文化中集忠臣与智者于一身的代表人物。他才华超群，足智多谋，是三国时代不可多得的政治家、军事家、外交家。他辅佐刘氏父子二十七年，担任过军师中郎将、军师将军、丞相等职务。他治军严明，赏罚必信，体恤士卒。面对错综复杂的斗争环境，他总能运筹于帷幄之中，决胜于千里之外，充分显示出其雄才大略。

但也有人持不同意见。《三国志》的作者陈寿认为诸葛亮"于治戎为长，奇谋为短；理民之干，优于将略"，即诸葛亮只善于治理军队，而缺少谋略；他治理百姓的才干超过用兵韬略。所谓"应变将略，非其所长"，暗示诸葛亮不是一个合格的军事家。

陈寿的这一评价，引来许多争议。有人认为，这是陈寿因个人恩怨而故意贬低。因为陈寿的父亲是马谡的参军，马谡被杀后，陈寿的父亲也受牵连，被剃了光头。古人讲究孝道，认为肌肤毛发都受之于父母，剃光头是奇耻大辱。此外，诸葛亮的儿子诸葛瞻又瞧不起陈寿，所以陈寿在为诸葛亮立传时，难免挟私怨。也有人认为，陈寿的评价是客观公正的。因为自古以来评价诸葛亮"奇谋为短"的人很多，并非陈寿一人所言。诸葛亮谨小慎微的性格决定了他不善奇谋，北伐战争的实践也证明了这一点。

综观诸葛亮的一生，其智慧是无可置疑的。他以一介书生之姿，为刘备勾勒出三分天下的宏伟蓝图，使颠沛流离、困顿无依的刘备得以觅得立足之地。他避开争锋中原之路，攻占荆、益，通过几十年的精心辅佐，使刘氏政权由小到大，由弱到强，并最终鼎立于三国。他的智慧主要体现在战略层次，至于每一场具体战役的谋略，由于与对手实力悬殊，故而有得有失。

诸葛亮的才能是多方面的。他发明的连弩和木牛流马，堪称一奇。其"八阵图"更是闻名遐迩，杜甫曾赋诗颂扬："功盖三分国，名成八阵图；江流石不转，遗恨失吞吴"。司马懿巡视蜀军作战营垒，看到诸葛亮独创的八阵图时，也情不自禁地赞叹诸葛亮是"天下奇才"。此外，诸葛亮在文学上的造诣也很深。《隆中对》富含战略智慧，乃千古名篇，《出师表》则充满豪情壮志，让人百读不厌。"亲贤臣，远小人，此先汉所以兴隆也；亲小人，远贤臣，此后汉所以倾颓也。"字里行间，充满了辩证法与哲学思维。

诸葛亮在为政的几十年中，勤勤恳恳，深入细致，凡事考虑周全，谨慎小心，这是他的优点，也是不足。作为三军统帅，谨小慎微，终究难成大事。毛主席说"诸葛一生唯谨慎"，这一"唯"字意境全出。谨慎是美德，但一过头就容易出问题。他的几次北伐，都坚持"稳扎稳打"的方针，安从坦途，不轻易出击，不用奇兵，缺乏冒险精神。在首次北伐中，魏延曾有个奇袭建议：由他率领轻兵从小路奔袭长安，并乘势扼潼关、武关两咽喉要地，以阻断曹魏援兵西进，然后出兵斜谷收复咸阳。诸葛亮力求万全之策，没有采纳这一建议。从这个意义上讲，陈寿的评价不无道理。

诸葛亮在接过匡扶汉室的重任后，的确如刘备所期望的，日日盼着早日复兴汉室，一统山河，未尝有半点懈怠。经过数年努力终于修复了刘备夷陵大败带来的创伤，蜀汉国力日益强盛。诸葛亮"鞠躬尽瘁，死而后已"的精神着实让人敬佩。但是，事必躬亲也犯了战略家的大忌。所谓"大行不顾细谨，大礼不辞小让"，一个人的精力有限，如果事无巨细，不累垮才怪。怪不得司马懿听说诸葛亮"夙兴夜寐，罚二十以上皆亲览"时，立即指出"孔明食少事烦，其能久乎"。主簿杨颙曾直截了当地劝诸葛亮注意身体，并指出："一旦尽欲以身亲其役，不复付任，劳其体力，为此碎务，形疲神困，终无一成。"可惜诸葛亮只是表示感激，仍陷于杂务而不能自拔，最后五十四岁便吐血而死。此外，事必躬亲也不利于人才的培养和发展，这是诸葛亮的致命弱点。与曹操相比，诸葛亮文治武功，略胜曹操一筹。但曹操有人，诸葛亮无人。诸葛亮事必躬亲，每战必到，如不亲自设谋定计，就唯恐有败北的危险。曹操手下能独当一面的将领谋士众多，而诸葛亮手下，除了关羽、张飞、赵云、黄忠、魏延等刘备的旧将外，虽连年征战，很少培养出像样的大将，即便后来有姜维加入，但也是魏国叛将。他虽然竭忠尽智，怎奈孤掌难鸣，所谓"蜀中无大将，廖化当先锋"，真是一针见血，入木三分。

金无足赤，人无完人。真实的诸葛亮有功亦有过，有胜也有败。从古至今，人们对他的评价有褒亦有贬，有扬也有抑。"青山依旧在，几度夕阳红"。随着时代的变迁，他留给人们更多的是"鞠躬尽瘁,死而后已"的忠诚与"运筹于帷幄之中,决胜于千里之外"的智慧。人们敬仰他,缅怀他。五百多年后大诗人杜甫的《蜀相》,可谓很好地代表了后人对他的追思:

　　丞相祠堂何处寻?锦官城外柏森森;
　　映阶碧草自春色,隔叶黄鹂空好音。
　　三顾频烦天下计,两朝开济老臣心;
　　出师未捷身先死,长使英雄泪满襟。

一

《将苑》卷一
逻辑思路及经典谋略

(一)兵权:掌握统兵权,方有战场主动权

【原文】

夫兵权①者,是三军之司②命,主将之威势③。将能执兵之权,操④兵之势,而临群下,譬如猛虎,加之羽翼,而翱翔四海,随所遇而施之。若将失权,不操其势,亦如鱼龙脱于江湖,欲求游洋之势⑤,奔涛戏浪,何可得也。

【注释】

①兵权:调动、指挥军队的权力。
②司:掌管,统帅。
③主将之威势:将帅建立自己威信的关键。
④操:控制、掌握。
⑤游洋之势:海洋中遨游的自由。

【译文】

所谓兵权,就是将帅统率三军的权力,它是将帅建立自己威信的关键。将帅如果能够有效地掌握兵权,控制局势,就抓住了统领军队的要点,统率军队就好像一只猛虎插上了双翼一般,不仅有威势,而且能翱翔四海,遇到任何情况都能灵活应变,占据主动。反之,将帅如果失去了这个权力,不能指挥军队,就好像鱼、龙离开了江、湖,想要求得在海洋中遨游的自由,在浪涛中奔驰嬉戏,也是不可能的。

【新解】

"兵权"二字直接点明本篇的主题是将帅统军作战的指挥

权问题。

本篇首先给兵权下了定义：将帅统率三军的权力。接着指出掌握这个权力的重要性：这是将帅建立自己指挥权威的关键，更是在战场上"翱翔四海"，掌握战场主动权的关键。作者将其列为全书第一篇，足见"兵权"实为统军作战的头等大事，是发挥将帅作用的根本问题。

作者如此高度重视这一问题，或许是受了《孙子兵法》的启示。孙子在《谋攻篇》提出，将帅能不能活用谋攻之法和用兵之法的重要因素之一，在于国君是否敢于授权和放手使用。接着，他从反面列举了国君不敢授权、放权导致的危害。孙子说："故君之所以患于军者三：不知军之不可以进而谓之进，不知军之不可以退而谓之退，是谓縻军。不知三军之事，而同三军之政，则军士惑矣。不知三军之权而同三军之任，则军士疑矣。三军既惑且疑，则诸侯之难至矣，是谓乱军引胜。"

从各种史料来看，春秋之前尚没有专职的武将。诸侯各国的领导体制基本上是文武不分，主要官员身兼文武二职，出将入相。将领平时在朝为官，战时领命出征，战毕回朝交兵，解除统兵之权。上古时期，通常都是临战前拜将，将军并不是终生职位，战争结束后将领就不再是将军了，而是回朝继续担任原来的官职。从春秋末期开始，随着周天子"家天下"逐渐式微，诸侯坐大，各国军队规模越来越大，战争越来越复杂，不懂兵法的文官已难以胜任临时客串将军的角色，客观上需要一批专职的军事人才平时统领庞大的军队，战时应对复杂的战争。同时，随着世袭分封制逐步取消，作战成果成为加官晋爵的重要依据，一批在战争中战功卓著的将领被选拔出来成为军事统帅。孙子就是在这样的时代背景下被吴王阖闾拜为将军的代表。

进入战国时期后,专职武将大批涌现,其中不乏吴起、孙膑、乐毅、白起、廉颇等著名将领。

随着专职武将的出现,国君内心的纠结越来越重。一方面,国君需要授予武将军事大权,以便其在纷繁复杂的战场上机断决策、灵活指挥;另一方面,武将军权太大,长期统军,又有可能拥兵自重,以致不听召唤,甚至起兵反叛。出于这种矛盾心理,当时不少国君自觉不自觉地用多种方式防范、控制武将。但是,措施这些往往事与愿违,反而搞乱了整个军队。孙子称之为"患军",并分析了国君为患军队的三种常见现象。

一是"縻军"。"縻",原指牛辔,引申为束缚、限制之意。国君不了解战场的具体情况,不知道战场上已经不能进攻了,仍然要将领指挥进攻;战场上正需要继续进攻,国君却非要将领马上撤退。这就如同用绳索把将领的手脚捆起来,使其无法灵活地指挥作战。

二是"惑军"。如果国君"不知三军之事",即不了解治军的规律和特点,却要"同三军之政",即事无巨细地干预军中行政事务,也就是简单地用治国的那一套来治军,那么,军队的规矩和套路就将被改变,规矩变了,套路改了,将领们很可能陷入无所适从的迷惑状态。

三是"疑军"。治军有特殊规律,打仗更有特殊规律,尤其要善于运用权谋和兵法。孙子指出,国君如果在不了解兵法的情况下,非要亲自统军作战,将领们必定产生疑虑。一旦上上下下陷入疑惑迷茫之中,就必定导致军心大乱,斗志下降。在弱肉强食的时代,军队虚弱之时,便是"诸侯之难"来临之际,如此情境下,稍有不慎,便可能丢掉本该到手的胜利。

孙子这段话核心讲的就是"兵权"问题。他从反面总结教训,说明国君应当敢于对主将授权和放权。应当说,这方面的教训历史上屡见不鲜。

宋王朝军队在与游牧民族的战争中屡战屡败,主要原因也在这里。宋太祖赵匡胤本身是靠陈桥兵变夺取皇位的,为了巩固皇权,防止武将效仿陈桥兵变,赵匡胤通过杯酒释兵权解除了武将的军权,并严格控制武将。宋太宗赵光义进一步采取"将从中御"的政策,自以为有军事天才,每临战事,都要亲自"图阵形,规庙胜,尽授纪律,遥制便宜,主帅遵行,贵臣督视"。一切都由赵光义自己制定,将领只能遵行,不能违背。而且还要派朝中大员随军监督,严格执行。将领如果不按其阵图和谋划打仗,即使打赢了也要追究抗旨不遵的罪名,弄得不好还要丢官或被问罪抄家。如此高压控制,没有一个将领敢于积极作为,一切照章办事、照图打仗,战场所需要的灵活性、自主性、积极性全都不见踪影,自然是屡战屡败。

宋王朝的教训印证了本篇的观点,"若将失权,不操其势,亦如鱼龙脱于江湖,欲求游洋之势,奔涛戏浪,何可得也"。将帅一旦失去了决策权、主动权,也就失去了行动的自由权,其结果只能像宋王朝将领那样动辄受制,手足无措,被动挨打,屡战屡败。

毛泽东也认为,主动权是军队在战争中行动的自由权,行动自由是军队的命脉,失掉了这种自由,部队运转不灵,谋略运行不畅,整个军队就有被打败或被消灭的危险。"兵权"抓住了整个统军作战的核心问题、根本问题,其观点值得高度重视。

必须指出的是,授权、放权不等于放任不管,更不意味着将帅可以自行其是。用美国管理大师彼得·德鲁克的话来说,就是要善于实施"目标管理",赋予将帅明确的职责和任务,放手发挥他们的能力,不问过程,只看结果,最终以实际效果论英雄成败。在这个问题上,恐怕政界、军界、商界、学界,甚至体育界都是相通的。

(二)逐恶:统军治国,须防五种奸佞恶人

【原文】

夫军国①之弊,有五害焉:一曰,结党相连,毁谮②贤良;二曰,侈其衣服,异其冠带;三曰,虚夸妖术,诡言神道;四曰,专察是非,私以动众;五曰,伺候③得失,阴结敌人。此所谓奸伪悖德之人,可远而不可亲也。

【注释】

①军国:统军治国。《三略·上略》:"军国之要,察众心,施百务。"

②毁谮:诬蔑诽谤。《资治通鉴·汉纪二十七》:"毁谮仁贤,诬诉大臣。"

③伺候:窥视、守候。

【译文】

不论是治军还是理国,有五种人需要加以防范,他们是导致国家、军队混乱的祸害。一是私结朋党,搞小团体,诋毁贤能,诬陷忠良的人;二是在衣服上奢侈、浪费,穿戴与众不同的帽子、束带,虚荣心强、哗众取宠的人;三是不切实际地夸大蛊惑民众,制造谣言混淆视听的人;四是专门搬弄是非,为了自己的私利而兴师动众的人;五是非常在意自己的个人得失,

暗中与敌人勾结在一起的人。这五种虚伪奸诈、德行败坏的小人，对他们只能远离而不可亲近。

【新解】

国君为了充分发挥将帅的才能固然要敢于授权、放权，但并不是无条件地任意授权、放权，其必要前提是将帅必须具备忠诚坚贞的品质。如果把统军大权赋予奸佞小人，势必加剧他们的恶劣品质，导致国家和军队的灭顶之灾。所以《将苑》第二篇专论"逐恶"，即在选将、用将时要驱逐品性恶劣之徒。

作者直截了当地指出，在治国治军中，有五种人会导致军队或国家的毁灭。他们是结党营私、诽谤能者的人；穿着引人注目的华美衣服的人；妖言惑众，诡言神道的人；无视法律规则，煽动民心的人；过分计较自己利害得失或暗中与敌人相勾结的人。这五种类型的人就是人们常说的奸诈、虚伪、道德败坏的小人。国君和统帅选将、用将时应当细心观察，务必疏远而非亲近这些小人、恶人，早日除掉组织内部的害群之马，这样才能保证选出忠诚坚贞之人，任用正直英勇的将帅。

遗憾的是，历史上总有些国君或统帅打江山时重用英才，坐江山时就稀里糊涂地被奸佞小人迷惑了，以致奸臣当道，朝政衰败。春秋五霸之首的齐桓公就有过这方面的沉痛教训。

齐桓公于公元前685年成为齐国国君，重用管仲、鲍叔牙等人，励精图治、改革弊政，使齐国国力日益强盛，后打出"尊王攘夷"的旗号，九合诸侯，北击山戎，南伐楚国，成为中原第一位霸主，受到周天子赏赐。然而就是这么一位建立了丰功伟绩的春秋霸主，到了晚年开始骄奢淫逸，亲近小人，远离贤臣。其中，竖刁、易牙、开方三人是齐桓公最为宠幸的对象。

齐桓公四十一年（公元前645年），管仲重病，齐桓公问他："群臣中谁可以代你为相？"管仲明确地说："彼易牙、竖刁、开方三人，必不可近也！"齐桓公说："易牙烹其子，以适寡人之口，是爱寡人胜于爱子，要怀疑吗？"管仲说："人情之深莫过爱子，对自己儿子尚且忍心杀之，怎会有利于君王？"齐桓公说："竖刁自宫以事寡人，是爱寡人胜于爱身，也要怀疑吗？"管仲答："人情之重莫过于身。对自己身体尚且残害，怎会有利于君王？"齐桓公说："卫公子开方，去其千乘之太子，而臣于寡人，以寡人之爱为幸。父母死不奔丧，是爱寡人胜于父母，不可怀疑。"管仲说："人情最亲莫过于父母。对父母尚且冷酷无情，又怎会有利于君王？而且千乘之封，是人之最大欲望。弃千乘而就君，是其所期望的大过于千乘。君必去之勿近，近必乱国。"齐桓公不以为意。

管仲去世后，鲍叔牙为相，力谏齐桓公罢斥了易牙、竖刁、开方三人。然而齐桓公离开三人之后，食不甘味，夜不酣寝。他的如夫人长卫姬便劝道："君王驱逐竖刁诸人，无心治理国家，容颜日益憔悴，是左右使唤之人，不能体察君王之心，何不把三人召回？君王已经老了，为何自苦如此？"齐桓公听其言，先召易牙调五味。鲍叔牙劝道："君王忘记管仲遗言了吗？为何又把他召回来？"齐桓公说："此三人有益于寡人，而无害于国家，仲父也是言过其实。"遂不听鲍叔牙之言，索性将开方、竖刁一起召回，同时官复原职。鲍叔牙愤郁发病而死。从此，三人更加肆无忌惮，欺齐桓公老迈无能，专权用事，在朝廷大演顺我者昌，逆我者亡的戏码。

齐桓公重病之后，作恶多端的三人害怕新即位的国君对他们不利，打算自己立一个公子，于是软禁齐桓公，外面用高不可攀的围墙围住，不许任何人进入，也不给吃喝。一代霸主就这样被活活饿死宫中，死后多日无人收尸。

齐桓公的悲惨结局，读来令人唏嘘。掩卷而思，它确实印证了"逐恶"中所说的道理：奸佞小人是国之大弊，民之巨害，不能重用，必须防范和远离。诸葛亮在《出师表》中也劝告蜀国君主刘禅要"亲贤臣，远小人"。

奸佞小人往往擅长伪装，绝不会把"奸佞"二字写在脸上，他们富有极强的迷惑性和欺骗性，甚至连齐桓公这样的一代英主都沉溺于他们的甜言蜜语之中而不能自拔。但是，再狡猾的狐狸也会露出尾巴。本篇列举了五种小人的典型行为特征，以便于人们更好地识别忠奸。负责选人、用人的领导者，应当具备管仲和鲍叔牙那样的眼光，善于观察细节，小中见大，更要善于反向思维，由表及里。在现实生活中，由于不能及时识别本篇所说的"五害"或因其他特定缘由而任用具备这"五害"特征之人，其导致的后果往往令人触目惊心。

（三）知人性：选拔任用将才，可用识人七法

【原文】

夫知人性，莫难察焉。美恶既殊，情貌不一，有温良而为诈者，有外恭而内欺者，有外勇而内怯者，有尽力而不忠者。然知人之道有七焉：一曰，间之①以是非而观其志；二曰，穷之②以辞辩而观其变；三曰，咨之以计谋而观其识；四曰，告之以祸难而观其勇；五曰，醉之以酒而观其性；六曰，临之③以利而观其廉；七曰，期之④以事而观其信。

【注释】

①间之：挑拨离间的方法。有的版本为"问之"。

②穷之：穷追猛打，不停地询问。

③临之：临，即临近、靠近。

④期之：期，即约定时日。

【译文】

世界上没有比真正了解一个人的本性还要困难的事情。每个人的善、恶程度不同，本性与外表也是不统一的。有的人外表温良却行为奸诈，有的人情态恭谦却心怀欺骗，有的人看上去很勇敢而实际上很怯懦，有的人似乎已竭尽全力但实际上却另有图谋。然而，了解一个人的本性还是有七种办法的：一是用离间的办法询问他对某事的看法，以考察他的志向、立场；二是用激烈的言辞故意激怒他，以考察他的气度、应变的能力；三是就某个计划向他咨询，征求他的意见，以考察他的学识；四是告诉他大祸临头，以考察他的胆识、勇气；五是利用喝酒的机会，使他大醉，以观察他的本性、修养；六是用利益对他进行引诱，以考察他是否清廉；七是把某件事情交付给他在一定的时间内处理，以考察他是否按期完成，值得信任。

【新解】

上一篇"逐恶"的中心是提醒人们要远离奸佞之人，但是如何识别奸佞之人却并不是一件容易的事情。于是作者又写一篇"知人性"，专论识别人性的问题。

作者重点指出了四种表里不一的人，意在提醒将领警惕有这些特征的奸佞之徒。识人不但要观察其外在表现，更要考察其内在本性，避免被表面现象迷惑。从现实情况看，这确实是非常重要的，常言道："知人知面不知心。"可见认识人的"本性"是多么不易。

虽然识人不易，但并非没有办法。作者紧接着提出了七种考察识别人性的方法。"一曰，间之以是非而观其志；二曰，穷之以辞辩而观其变；三曰，咨之以计谋而观其识；四曰，告之以祸难而观其勇；五曰，醉之以酒而观其性；六曰，临之以利而观其廉；七曰，期之以事而观其信。"这七种方法，既听其言，又观其行；既正面考察，又侧面监督；既静态分析，又动态评估；既关注细节，又把握整体；既重视一时，又着眼长期。显然这是一种综合的、立体的、多维的识人体系，既贴近实际，又细致入微，极具实用价值。

从兵法发展史的角度来看，诸葛亮识人七法实际上是对姜太公思想的直接继承和发展。在《六韬·文韬·六守》中，姜太公向周文王提出了"慎择六守之人"的选拔原则，强调必须选拔能够恪守六项德行标准的人才，方能得天下。所谓"六守"，即仁、义、忠、信、勇、谋。为识别一个人是否符合"六守"的标准，姜太公进一步提出了具体的方法："富之而观其无犯，贵之而观其无骄，付之而观其无转，使之而观其无隐，危之而观其无恐，事之而观其无穷。富之而不犯者仁也，贵之而不骄者义也，付之而不转者忠也，使之而不隐者信也，危之而不恐者勇也，事之而不穷者谋也。"大致意思，一是多给他财物，观察他是否会违反法制。富足而又能不违反法制的，是信守仁爱的人。二是给他很高的爵位，观察他是否会骄横凌人。身居高位而又不骄傲自满的，是有道义的人。三是托付给他重任，观察他是否会转变志向。身负重任而又不转变志向的，是忠诚的人。四是派他处理重要事务，观察他是否会欺蒙隐瞒。处理重要事务而又不欺蒙的，是诚信的人。五是将他置于危难的环境中，观察他能否临危不惧。处于危难的环境而又不恐惧的，是勇敢的人。六是让他处理复杂的事务，观察他能否应变无穷。在复杂事务面前能够应变无穷的，是有智谋的人。

而在《六韬·龙韬·选将》中，作者进一步发掘了姜太公识别将领的思想和方法，提出识人八法："知之有八征——一曰问之以言以观其辞；二曰穷之以辞以观其变；三曰与之间谍以观其诚；四曰明白显问以观其德；五曰使之以财以观其廉；六曰试之以色以观其贞；七曰告之以难以观其勇；八曰醉之以酒以观其态。八征皆备，则贤、不肖别矣。"

这八种方法，出发点是通过特定的环境来观察当事人的行为反应，体现了重事实、重实践的考核思想，成为当时合理地选拔人才、任用人才的有效途径。

唐太宗李世民就曾通过这个方法来考核将帅。贞观二十三年（公元649年），李世民病重，知道自己命不久矣，就秘密对太子李治说："李勣这个人是个将才，很会带兵，但是你对他没有什么恩德，恐怕我死后他不会服从你。我今天把他贬到外地去，如果他即刻出发，等到我死后，你就用他为尚书仆射，把军国大事托付给他；如果他犹豫不决，怀有怨气，你即位后，就立刻把他除掉。"说完后，李世民下诏贬李勣为叠州都督。李勣接到诏书后，连家也没有回，就上任去了。李治即位后用他为尚书仆射，非常信任他，李勣也不负所托，后来在征讨高句丽的战争中立下了大功。

从这个故事可以看出，"八征"多少带有一些封建君王驭人控下、培养忠臣的权谋色彩，但这些观点对后世识别与任用人才仍有一定的借鉴作用。显然，《将苑》的"识人七法"，就是直接继承了姜太公的"识别六守法"和"识人八法"。

无论历史上还是现实中，用人不当的现象并非完全是任人唯亲的结果。许多领导人主观上也希望任人唯贤，重用那些忠良之才。但是他们与当年周文王面临的苦恼一样，不知道如何在芸芸众生中识别和选拔这样的人才。姜太公的"识别六守法""识人八法"和诸葛亮的"识人七法"，不失为一系列有效的办法。

奸邪之人，伪装了一时，伪装不了一世。忠良之才，可能偶有失误，不可能永远犯错。上述这些识人方法，融系统性、动态性于一体，强调在长期实践过程中多方面、多层次、多角度考察人才，而不是仅仅用某一种方法静态评判。现代各领域的领导者和人力资源主管，不妨仔细品味、参考和借鉴。

（四）将材：将领有九种类型，要因材而用

【原文】

夫将材有九。道之以德，齐之以礼，而知其饥寒，察其劳苦，此之谓仁将。事无苟免①，不为利挠，有死之荣，无生之辱②，此之谓义将。贵而不骄，胜而不恃，贤而能下，刚而能忍，此之谓礼将。奇变莫测，动应多端，转祸为福，临危制胜，此之谓智将。进有厚赏，退有严刑，赏不逾时，刑不择贵，此之谓信将。足轻戎马，气盖千夫③，善固疆场，长于剑戟，此之谓步将。登高履险，驰射如飞，进则先行，退则后殿，此之谓骑

将。气凌三军，志轻强虏，怯于小战，勇于大敌，此之谓猛将。见贤若不及，从谏如顺流，宽而能刚，勇而多计，此之谓大将。

【注释】

①苟免：苟且而免于损害。《礼记·曲礼上》："临财毋苟得，临难毋苟免。"

②有死之荣，无生之辱："辱"现在流行版本多误写作"唇"。《吴子·论将第四》："师出之日，有死之荣，无生之辱"，意思是军队开赴战场之后，就要准备光荣献身，而不能屈辱地保住生命。

③千夫：特指众多敌人。

【译文】

根据不同的才能特点，将领可以分为九种类型。用自己的德行教化部下，用礼法规范部下的行为，对部下关怀备至，嘘寒问暖，与部下同甘共苦，这种将领是仁将。遇到任何事情都不苟且偷安，不被利益所诱惑，宁愿为荣誉献身，也不屈辱求生，这样的将领是义将。身居高位但不盛气凌人，功绩卓著又不骄傲自大，贤德而不清高，谦让比自己地位低的人，个性刚直又能包容他人，这样的将领是礼将。战术运用高深莫测，足智多谋，身处逆境能转祸为福，面临危险又知逢凶化吉，这样的将领是智将。忠诚守信，对有功之人以重赏，对有过之人以重罚，赏罚分明，奖赏时不拖延，惩罚时不避权贵，这样的将领是信将。身手矫捷，冲锋陷阵时能追上战马，气概豪壮，斗志昂扬能胜千夫，善于保卫国家，又擅长剑戟，这样的将领是步将。能亲自登高涉险，骑马射击快捷如飞，进攻时冲锋在前，撒退时在后面掩护,这样的将领是骑将。气概豪迈,威震三军,雄心勃勃而藐视强敌,对小的战役小心谨慎不马虎,面对强大的敌人则愈战愈勇,这样的将领是猛将。遇见贤者虚心请教,对别人的意见从谏如流,能广开言路,待人宽厚又不失刚直,勇敢果断又善于计谋,这样的将领是大将。

【新解】

"知人性"中所提出的"识人七法"有助于识别人才是否忠贞贤良。忠贞贤良之人虽然是好人,但能不能担当统军大任却需要进一步考察。孙子曾说的"知兵之将,生民之司命,国家安危之主也。"这句话清楚地说明,将领身系国家、军队和民众的生死安危,不仅要品德高尚,更需具备超凡的才能。《将苑》的作者继承这一思想,进一步阐述了"将材"的理念,为君主从忠贞贤良之人中挑选出统军将才提供了思路和方法。

作者从治军和作战两个层面,把将领的才能划分出九种类型,尽管描述每种类型的措辞可能略为生硬,但具体内容还是生动地反映了优秀将领应当具备的品质和才能。应当说,这九种分类很大程度上受到了《六韬·龙韬·励军》的启发。

太公曰:"将冬不服裘,夏不操扇,雨不张盖,名曰礼将;将不身服礼,无以知士卒之寒暑。出隘塞,犯泥涂,将必先下步,名曰力将;将不身服力,无以知士卒之劳苦。军皆定次,将乃就舍,炊者皆熟,将乃就食,军不举火,将亦不举,名曰止欲将。"姜太公将具备这三方面能力的将领称为"三胜"之将,认为这三个方面都做到了,士兵的斗志就旺盛了,必然会出现"三军之众,闻鼓声则喜,闻金声则怒"的士气高涨的局面。这样即使战事艰苦卓绝,士卒也会争先冲锋,赴汤蹈火,视死如归。

将领的品行和才能对于整个部队的军心士气、整体战斗力及至战役战斗具有至关重要的影响。正因其关系重大，所以兵家强调选用"知兵之将"。"知兵"二字，不是指认识几个士兵，而是要求将领精通兵法，善于指挥。将领如何"知兵"？本篇对九种将领应具备的能力素质的描述，可以说是很好的答案。

对于这"为将九材"，我们可以从三个维度进行剖析。首先，九材是将领应具备的九大品德和能力，也是我们提升自己能力素质的努力方向和标准。其次，"为将九材"还蕴含着丰富的统军作战与治军管理智慧。仁将、义将、礼将、智将、信将，主要从治军层面讲带兵管理的方法，步将、猛将、大将，则侧重于从作战层面谈领军作战的方法。这些方法无疑也适用于现代生活的各个领域，领导者如何发挥领导力，不妨从中寻找一些参考和借鉴。最后，将领往往分布在军队不同层级，不同岗位，各有其才，各司其职。作者所列的"为将九材"并非要求每个将领都十全十美，而是强调领导者要用人之所长，因材而用，方能最大程度地发挥人才的能力，实现人才效益最大化，进而激活整个人才队伍的活力。这恐怕也是现代各领域领导者特别关注的问题。

（五）将器：将领才器可分六级，各有千秋

【原文】

将之器①，其用大小不同。若乃察其奸，伺其祸，为众所服，此十夫之将。夙兴夜寐，言词密察，此百夫之将。直而有虑，勇而能斗，此千夫之将。外貌桓桓②，中情烈烈③，知人勤

劳，悉人饥寒，此万夫之将。进贤进能，日慎一日，诚信宽大，闲于理乱，此十万人之将。仁爱洽于下，信义服邻国，上知天文，中察人事，下识地理，四海之内，视如家室，此天下之将。

【注释】

①器：才器。
②桓桓：本意为威武的样子。
③中情烈烈：内心炽热，蕴藏着丰富的感情。

【译文】

将帅的气质、气度有不同，其本领、作用有大小之分。如果能察觉他人的奸诈，看到事物潜伏的危害、祸端，被部下信服，这种将领为十夫之将，可以统领十人的队伍。早起晚睡，整日为公事操劳，言辞谨慎小心，这种将领为百夫之将，可以统领百人的队伍。为人耿直又深谋远虑，勇猛善战，这样的将领是千夫之将，可以统领千人的队伍。外表威武，内心蕴藏着丰富的感情，个性光明磊落，能了解别人的努力和辛苦，又能关心他人的饥寒情况，这种将领为万夫之将，可以统领万人的部队。能提拔和任用有道德有才能的人，处事一天比一天谨慎小心，为人忠诚、可信、宽容、大度，善于驾驭复杂的局面，这样的将领为十万人之将，可以统领十万人的部队。能以仁爱之心待部下，与部下融洽相处，又能诚信重义使邻国信服，不仅知晓天文地理知识，还善于处理人际关系，放眼四海之内，治家如同治国，治国如同治家，这样的将领是天下之将，可以治理整个天下。

【新解】

"将器"的"器"当指才器、才干，与上篇"将材"相比，本篇所讲的将领才器、才干，更多地侧重于带兵和管理的能力。作者对将领的才器，做了六个层次的区分。

"十夫之将"，重在于能察觉他人的奸诈，看到事物潜伏的危害、祸端，被部下所信服；

"百夫之将"，重在于自身早起晚睡，整日为公事操劳，言辞谨慎小心；

"千夫之将"，重在于为人耿直又深谋远虑，勇猛善战；

"万夫之将"，重在于外表威武，内心蕴藏着丰富的感情，个性光明磊落，能了解别人的努力和辛苦，又能关心他人的饥寒情况；

"十万人之将"，重在于能提拔和任用有道德有才能的人，处事一天比一天谨慎小心，为人忠诚、可信、宽容、大度，善于驾驭复杂的局面；

"天下之将"，重在于能以仁爱之心待部下，与部下融洽相处，又能诚信重义使邻国信服，不仅知晓天文地理知识，还善于处理人际关系，放眼四海之内，治家如同治国，治国如同治家。

需要注意的是，这种区分方法，内容存在一定程度的重叠交叉，不太精准。但是，它大体上还是把各个层级的将领在带兵管理方面应具备的能力做了相对区分，展现了将领能力发展的程度。按照这种区分，十夫之将只要目光敏锐，能够服众就可以了；百夫之将除了以身作则之外，还要言辞谨慎；千夫之将，则需要深谋远虑、勇猛善战了；万夫之将更进一步，需要了解下属的努力和辛苦，并能关心部下的饥寒；十万之将再进一步，要能举贤能之人，善于驾驭复杂的局面；天下之将需要在前几个层次将领能力的基础上，达到晓天文，知地理，察人事，胸怀全局、治服天下的境界。随着职位一步步提升，对于将领的能力素质要求也一步步提高。

西方军事家们也注意到这一规律，克劳塞维茨就曾经在《战争论》中指出："在军事活动的领域内，指挥官职位不同就需要不同的知识。如果职位较低，那么需要的是一些涉及面较窄而比较具体的知识。如果职位较高，那么需要的是一些涉及面较广而比较概括的知识。"

仔细分析不难发现，为将六个层次的能力差异，核心在于将领的气度、气量。低级的将领管好自己，身先士卒就可以了。中等的将领就需要关心部下冷暖，擅长以情带兵。高层的将领则需要"仁爱洽于下，信义服邻国"，恩泽天下。显然，这里逐步提升的是带兵管理能力，职务越高越需要理解别人，关爱别人，甚至兼爱天下。由此可见，领导能力高低主要并不取决于智商，而是取决于情商。

本篇所提出的将领才器的六个层次，既是每个层次将领能力素质的特征描述，又是每个层次将领不断提升能力素质的指标，更是将领逐级培训的重点。

在这个问题上，美国著名的管理咨询大师拉姆·查兰似乎与《将苑》的作者神趣相通，思想一致。他在《领导梯队：全面打造领导力驱动型公司》一书中提出"领导力阶梯"理论，认为一个人在组织中从自我管理型贡献者成长为首席执行官，要经历6个领导力发展阶段。

这六个阶段，从个人贡献者到团队主管的初步转变开始，随后是团队主管向部门经理的晋升，再到部门经理成长为职能总监，接着是职能总监迈向事业部总经理的跨越，然后是事业部总经理向集团高管的跃升，最终抵达首席执行官的巅峰，每一阶段的界定都伴随着职责的扩展和领导力的深化。

拉姆·查兰强调，在领导力发展的第六阶段，即成为首席执行官后，转变的重点更多地聚焦于经营理念而非单纯的管理技能。作为组织的最高领导，首席执行官须具备远大的抱负和深邃的思想，同时要善于构建企业的运行机制，既要驱动团队实现短期的季度目标，也要确保企业长期战略愿景的稳步实现。

《将苑》的"为将六器"理论与拉姆·查兰的"领导力阶梯"理论，尽管在时代背景和具体应用上存在显著差异，但两者在领导力发展的核心理念与划分原则上却颇为相似。这种跨越时空的思想共鸣，为有志于事业不断进步的人提供了深刻的启示和宝贵的实践指南。

（六）将弊：将领有八种弊端，要尽力避免

【原文】

夫为将之道，有八弊焉。一曰贪而无厌，二曰妒贤嫉能，三曰信谗好佞，四曰料彼不自料，五曰犹豫不自决，六曰荒淫于酒色，七曰奸诈而自怯，八曰狡言而不以礼。

【译文】

身为将帅有八种弊病，是将帅用兵的大忌。一是对财物的需求永远不满足，贪得无厌；二是嫉恨贤德有才能的人；三是听信谗信，亲近能说会道、巧言谄媚的小人；四是只能分析敌情，却不能正确认识自己的实力；五是遇事犹豫不决；六是沉

迷于酒色而不能自拔；七是为人虚伪奸诈而自己又胆怯懦弱；八是狡猾巧辩而又傲慢无礼，不按制度办事。

【新解】

《将苑》的作者思维非常缜密，讲完将材、将器，接着讲将弊，提醒为将者要避免"八弊"。这"八弊"和《六韬》提出的"十过"颇为相似，但更加偏重于人品和德行，是对前人思想的继承和发展。

《六韬·龙韬·论将》中说："所谓十过者，有勇而轻死者，有急而心速者，有贪而好利者，有仁而不忍人者，有智而心怯者，有信而喜信人者，有廉洁而不爱人者，有智而心缓者，有刚毅而自用者，有懦而喜任人者。"

相形之下，"将弊"所列的八大毛病更多地偏重于将领的人品和德行，列举了常见的表现，诸如：贪而无厌，妒贤嫉能，信谗好佞，料彼不自料，犹豫不自决，荒淫于酒色，奸诈而自怯，狡言而不以礼。将领一旦人品和德行太差，越有能耐，危害越大。

南宋时期的贾似道可谓八弊俱全，作恶多端。

公元1258年，蒙古军大举攻宋，1259年年初，鄂州（今湖北武昌）危急，贾似道即军中拜右丞相，奉命赴援。贾似道原是个不学无术的浪荡子，靠他的姐姐是宋理宗的宠妃，才得了官位。他当上官后，什么事都不干，经常带着一批歌女在西湖喝酒作乐。面对蒙古军猛烈攻势，贾似道惊恐万分，便瞒着朝廷，偷偷派出亲信到蒙古军营求和，表示只要蒙古退兵，宋朝就愿意称臣，割江为界，岁奉银绢各20万，忽必烈未允。因蒙哥死于钓鱼城下，忽必烈急于北返争夺汗位，才达成和议。蒙古军退走之后，贾似道把私自订立和约的事瞒得严严实实，却抓了一些蒙古兵俘虏，吹嘘各路宋军取得大胜，不但赶跑了鄂州的蒙古兵，还把长江一带敌人势力全部肃清了。宋理宗听信了贾似道的谎言，认为贾似道立了大功，专门下一道诏书，赞赏他奋不顾身，指挥有方，并以右丞相兼少傅召其入朝，从此贾似道专制朝政近16年。

宋理宗死后，贾似道拥立赵禥（qí）做皇帝，即宋度宗。宋度宗荒淫昏庸，整天沉湎于酒色，把朝政完全交给了贾似道，称他为"师臣"，贾似道地位之高无人可比。宋度宗还特许贾似道三天上朝一次，处理政事，后来改为每六天一次、十天一次。贾似道平时生活以出入青楼酒肆、泛舟西湖、斗蟋蟀为主，即使处理公务也足不出户，由吏人抱着文书到其葛岭府第请示。

公元1271年，元世祖以南宋未能履约为由，派遣将领刘整与阿术率兵攻打襄阳。南宋军队连番失利，襄阳城被围困五年之久。贾似道封锁前线战况，隐瞒宋度宗。有位官员上奏章向宋度宗告急，奏章却落入贾似道之手，这位官员随即被罢免。襄阳失守后，国势越来越危急，贾似道迫于舆论，于德祐元年（公元1275年）调集诸道精兵13万出师应战，二月间在丁家洲（今安徽铜陵东北江中）与蒙古军遭遇，大败，逃奔扬州，宋军主力丧失殆尽。在群臣要求下，皇太后降旨罢免了贾似道，并将他流放循州（今广东惠州）。在流放循州的路上，贾似道被押送的县尉郑虎臣杀死。一代权奸就此结束了罪恶的一生，同时南宋灭亡的局势也已经无法挽回了。

遗憾的是，在中国古代历史上，贾似道这样的人并非个案，几乎每个朝代都有。《将苑》专门辟一篇"将弊"，恐怕目的就在于提醒人们注意："兵者，国之大事，存亡之道，命在于将。"

(《六韬·龙韬·论将》)因此，在选将、用将问题上，一定要避免选用贾似道这种"八弊"俱全的人。

"宰相必起于州部，猛将必发于卒伍。"(《韩非子·显学》)从基层一步步成长的将领难免在摸爬滚打的过程中形成这样或那样的毛病，作者列举"八弊"也在于告诫将领：随着职务的提升，要加强自身修养，注意克服和避免这些弊病，方可成为德才兼备的优秀将领。

对于"八弊"还可以从另一个角度理解，那就是可以针对具有这"八弊"的敌方将领，制定出行之有效的应对策略。姜太公就曾经针对具有"十过"的敌方将领提出了相应的战术：对于勇敢而轻率赴死的，可以激怒而战胜他；暴躁而急于求成的，可用持久战拖垮他；贪婪而好利的，可以贿赂他；仁慈而流于姑息的，可以骚扰他让他觉得疲惫；聪明而胆小怕事的，可以胁迫他；诚实而轻信别人的，可以欺骗他；廉洁而近于刻薄的，可以轻侮他；多谋却犹豫不决的，可以突袭他；坚强而刚愎自用的，可以用言辞奉承他，骄纵他；懦弱无能而好依赖别人的，可以哄骗他。由此可见，将帅如果有这些缺点，对治军、作战都会造成恶劣影响，更容易在战场上上当受骗。

殷鉴不远，闻者足戒。对于现代领导者，或者有志于干出一番大业的俊杰人才，不妨把"八弊"作为一面镜子，经常照一照，避免出现类似毛病。

（七）将志：将领应有的品行，当努力践行

【原文】

兵者凶器，将者危任，是以器刚则缺，任重则危。故善将

者，不恃强，不怙势①，宠之而不喜，辱之而不惧，见利不贪，见美不淫，以身殉国，一意而已。

【注释】

①怙：依靠，仗恃。怙势，依仗势力。

【译文】

兵器是一种凶器，统兵为将是一种重大的责任。兵器过于刚硬，则容易出现缺损，将领责任重大所以有风险。因此，真正的将帅不依靠强权，不倚仗势力，受到君主的宠爱时不得意忘形，受到别人的诽谤污辱时不惧怕退缩，看到利益时不起贪念，见到美女时不心生邪念，只知全心全意，保家卫国，以身殉职。

【新解】

"将志"中的"志"，当指将领的志所、志向。作者继承老子"兵凶战危"的思想，认为将领作为统军作战的人，身系国之安危、军之存亡、民之死生，责任重大，切不可穷兵黩武，更不可追求虚荣，贪恋权贵，而应当有"以身殉国，一意而已"的志气和志向。为此，作者提出了六个方面的禁戒，即将领应避免恃强凌弱、倚仗权势、恃宠而骄、畏缩怕事、见利忘义及贪图淫乐，这些都是志趣低俗之人的追求和喜好。春秋时期名将司马穰苴与齐景公的宠臣庄贾，在这方面可谓形成了鲜明对照。

齐景公时（公元前547年—前490年在位），晋国于公元前531年派军侵入齐国的阿（今山东东阿县）、甄（今山东甄城县济阴）地区，燕国军队也同时乘隙攻入齐国河上（故黄河南岸地区）之地，齐国守军屡屡败退。齐景公为了扭转败局，急需选拔和任用智勇双全的将领。当时担任相国的晏婴，向齐景公推荐了司马穰苴。晏婴说，穰苴系田氏远族子孙，其人很有才能，长于谋划，且熟知兵法，"文能附众，武能威敌"（《史记·司马穰苴列传》），如以他为将，必能改变目前的形势。齐景公听了晏婴的介绍，立即召见司马穰苴，请他谈了有关治军、用兵的方略和法则。司马穰苴在军事上的杰出见解，赢得了齐景公的赞赏。齐景公遂拜他为大将，命他率军抵御晋国和燕国的军队。司马穰苴精通兵法，深知统军作战必须拥有兵权，于是诚恳地说："我的身份一贯卑贱，您把我从闾巷里的平民中提拔起来，位在大夫们之上，士卒不拥护我，百姓不信任我，人微权轻。我想请您选派一个既亲近又在全国享有威信的大臣做我的监军，这样才好。"齐景公允许了，便派自己的亲信大夫庄贾去担任监军。

司马穰苴辞别齐景公，率军出发前，与庄贾约定："明天就要点兵出发，请监军中午准时在军营会齐。"第二天司马穰苴提前来到军营，叫军士立起木表观测日影，设置漏壶滴水计时，等待庄贾的到来。庄贾是齐景公宠臣，一贯骄傲自大，可谓"恃强""估势""恃宠"样样俱全。他以为统率的是自己的军队，而自己又是监军，所以不急不忙，只顾与为他送行的同僚、亲友饮酒行乐，根本没把集合报到的命令和司马穰苴放在眼里。日至中午，庄贾还未到。穰苴就命令放倒木表，放掉漏壶中的水，进入军营调度部署军队，申明军纪法令。一切规定完毕，已到黄昏，这时庄贾才到。司马穰苴问他："为什么迟到？"庄贾认错道："我因为大夫们和亲戚来相送，就耽误了时间。"

司马穰苴严肃地说:"将帅受领任务时就该忘记家庭,置身军队,受军纪约束,就该忘记亲人,击鼓指挥军队作战时,就该有忘我的精神。如今敌军深入国境,举国骚动。士卒风餐露宿于边境,国君寝食不安,百姓的命运都握在你的手里,还谈什么送行呢?"于是召来执法官问道:"军法对误了规定时限迟到的人怎么处治?"执法官说:"当斩!"庄贾害怕了,急忙派人飞马急报齐景公,请齐景公救他。他派去的人还未回来,司马穰苴就把他斩了,在全军中示众。全军将士都大为惊惧。

过了很久,齐景公派的使者才拿着符节驱车直入军中赦免庄贾,司马穰苴高声问执法官:"在军营里驾车横冲直撞的,应当如何处治?"回答:"当斩!"来使大惧,恳求饶命。司马穰苴说:"既是国君派来的使者,可以不杀,但必须执行军纪。"于是命令军士把使者的仆人斩了,车拆了,马砍了,以示三军。

比之以庄贾,司马穰苴此举真正体现出他"宠之而不喜,辱之而不惧,见利不贪,见美不淫,以身殉国,一意而已"的高洁志气,深得官兵认同和信赖。所以齐军面貌立刻改观,成了纪律严明、军容整肃、令行禁止、悉听约束的能战之师。他在随后的训练与行军中身体力行,对战士关心备至,亲自过问士兵的饮食,探问疾病,安排医疗,把自己专用的军需品拿出来款待士兵,并和士兵平分粮食,这都极大地鼓舞了官兵的斗志,所以"病者皆求行,争奋出为之赴战"。然后,他立即率师出发,奔赴前线。晋、燕两军将领听说司马穰苴整军备战的一系列做法之后,知道这是一位能征善战的真将领,纷纷撤军而走。司马穰苴率齐军乘势追击,歼灭部分敌军,收复了齐国失去的所有城邑和土地,然后率兵班师。他未到国都就解散军队,废除军令,誓盟之后进入城邑。齐景公率领诸大夫到城郊迎接,举行慰劳部队的仪式后回到住所,随后接见司马穰苴,任命他为掌管全国军事的大司马。

司马迁借晏婴之口称赞司马穰苴:"文能附众,武能威敌",这一赞誉可谓实至名归。这是一种很高的境界,不是一般将领所能达到的。只有胸怀"以身殉国,一意而已"志向的人才能为之。也只有这样的将领才能真正掌握军队,担当起统军大任。

诸葛亮本人也堪称"以身殉国,一意而已"的典范,他一生谨慎,忠心耿耿,切实做到了"鞠躬尽瘁,死而后已",所以倍受后人钦敬效法,流芳千古。

现代社会发展变化迅速,各领域领导者责任重大,诱惑繁多,稍不留神就容易演变成庄贾式官员。多少贪官都是因为违背了"不恃强,不怙势,不恃宠,不惧辱,不贪利,不贪淫"的忠告而走向了罪恶的深渊。不少贪官在忏悔录中感慨,"如果在我犯错误的道路上有人拉我一把,就不至于滑这么深了。"然而,归根结底,这一切取决于个人。与其怨天尤人,不如深刻领会"将志"之意,努力以"六不"为自勉,以"以身殉国,一意而已"为志向,做到毫无自私自利之心,把自己的一切奉献给人民,奉献给国家,才能不辜党和国家的重托,成为司马穰苴式的良将,诸葛亮式的忠臣。

(八)将善:将领应有的素养,有五善四欲

【原文】

将有五善四欲。五善者,所谓善知敌之形势,善知进退之道,善知国之虚实,善知天时人事,善知山川险阻。四欲者,

所谓战欲奇，谋欲密，众欲静，心欲一。

【译文】

对将帅统军作战能力的要求是"五善四欲"。五善是指：善于察晓敌人的兵力部署，善于正确判断进攻和撤退的时机，善于了解交战双方的国力虚实，善于利用天时条件和人情世态，善于利用山川地形的崎岖险阻。四欲是指：作战时出奇制胜，谋划时周密细致，统军时沉着冷静，带兵时上下一心。

【新解】

《六韬》中有言："得贤将者，兵强国昌。不得贤将者，兵弱国亡。"（《六韬·龙韬·奇兵》）将领才能高低，往往决定着国家的兴亡。所以，历朝明智的国君无不希望选择和任用"贤将"，而远离庸将。何为贤将？本篇给出了答案。作者着重论述了将领的军事素养和指挥才能，明确地提出了"五善四欲"的要求。其中"五善"是对将领军事素养方面的要求，而"四欲"则是有关指挥才能的要求。

这些要求对一员优秀将领来说，应当算作必须具备的基本功，将领只有做到"五善"和"四欲"，才能统率大军进退自如，上下一心，英勇作战。刘邦曾经称赞韩信"联百万之军，战必胜，攻必取"，堪称楚汉战争时期杰出的军事将领。分析韩信指挥过的几次重大战役，不难看出正是由于他做到了"五善""四欲"，才能屡战屡胜，以弱胜强，甚至败中求胜。井陉之战就是典型一例。

公元前204年10月，韩信统率汉军，越过太行山，向东挺进，对赵国发起攻击。赵王歇、赵军主帅陈余闻讯后集结大军于井陉口防守。井陉口是太行山有名的八大隘口之一，其西有一条长约几十公里的狭窄驿道，易守难攻，不利于大部队行动。当时赵军先期扼守住井陉口，居高临下，以逸待劳，且兵多将广，处于优势和主动地位。赵军主帅陈余手下的广武君李左车，很有战略头脑。他向陈余建议，由他自己带领奇兵3万从小道出击，去夺取汉军的辎重，切断韩信的粮道；而由陈余本人统率赵军主力深挖战壕，高筑营垒，坚壁不战，与韩信军周旋相持。然而，陈余却拘泥于"义兵不用诈谋奇计"的教条，认为韩信兵少且已经极其疲惫，正是击败他的良机。如果回避不与之交战，会让诸侯们以为他胆怯，从而招致无谓的攻伐。于是陈余断然拒绝采纳李左车的建议。

善知敌之形势的韩信探知李左车的计策没有被采纳，非常高兴，当即制定了出奇制胜、一举破赵的良策。

韩信指挥部队开进到距井陉口15公里的地方扎下营寨，到了半夜时分，迅速实施作战部署：一面挑选2千名轻骑，让他们每人手持一面汉军的红色战旗，由偏僻小路迂回到赵军大营侧翼潜伏下来，准备乘隙袭占赵军大营，断敌归路；一面又派出1万人为前锋，趁着夜深人静、赵军未察之际，到绵蔓水（今河北井陉县内）东岸背靠河水布列阵势，以迷惑调动赵军，增加其轻敌情绪。

天亮之后，韩信亲自率领汉军，打着大将的旗帜，携带大将的仪仗鼓号，向井陉口东边的赵军进逼过去。赵军见状，果然离营迎战。两军戈矛相交，厮杀了一阵后，韩信就佯装战败，让部下胡乱扔掉旗鼓仪仗，向绵蔓水方向后撤，与事先在那里背水列阵的部队迅速会合，赵王歇和陈余见汉军被击败，立刻挥军追击，倾全力猛攻背水阵，企图一举全歼汉军。

韩信背水列阵表面上看似乎不懂兵法，违反常规，其实真正意图是活用了孙子"置之死地而后生"的谋略。汉军官兵看到前有强敌，后有水阻，无路可退，所以人人死战，个个拼命，挡住了赵军的凶猛攻势。这时，埋伏在赵军营垒翼侧的汉军2000名轻骑则趁着赵军大营空虚无备，突然出击，袭占赵营。他们迅速拔下赵军旗帜，插上汉军战旗，一时间旌旗林立，显示出数十万汉军的阵仗。赵军上下顿时惊恐大乱，纷纷逃散。占据赵军大营的汉军轻骑乘机出击，从侧后切断了赵军的归路；而韩信则指挥汉军主力发起全面反击。赵军仓皇败退，被汉军追上，结果全部被歼，陈余被杀，赵王歇和李左车束手就擒。

在井陉之战中，韩信以3万人马战胜20万大军，创造了中国历史上以少胜多的经典战例。他之所以能够赢得这样的胜利，有多种因素。一是善知敌情，察其虚实；二是善于根据敌情迷惑对方，出奇制胜；三是对战场地形条件了如指掌，灵活运用；四是善于激励官兵斗志，拼命决战。这些制胜因素无疑是韩信平时具备"五善""四欲"的必然结果。

在当今时代，无论是战场上的激烈对抗，还是商场中的残酷竞争，其复杂性与不确定性都远超古代。这客观上要求各领域的领导者必须严格遵循"五善"与"四欲"的标准，不断自我规范与磨砺。现代竞争环境容错率很低，几乎不给试错的机会。在战争领域，战斗往往一开始就是决战，追求的是"秒杀式"的速战速决；而在商场，则是"快鱼吃慢鱼""大鱼吃小鱼"法则盛行，稍有犹豫便可能被对手超越甚至淘汰。因此，各领域都极为重视"首战必胜"。要实现这一目标，领导者在行动之前，必须做到"五善"：善知敌之形势、善知进退之道、善知国之虚实、善知天时人事、善知山川险阻；而一旦出手，则须遵循"四欲"：战欲奇、谋欲密、众欲静、心欲一。

（九）将刚：将领应有的性格，刚与柔相济

【原文】

善将者，其刚不可折，其柔不可卷，故以弱制强，以柔制刚。纯柔纯弱，其势必削，纯刚纯强，其势必亡，不柔不刚，合道之常。

【译文】

善于统帅部队的将领，性格刚强而不固执，柔韧却不软弱，因而能以弱胜强，以柔克刚。过于软弱，实力会受到削弱；一味逞强，又必将走向灭亡；只有刚柔相济，才符合为将之道。

【新解】

本篇着重论述将领的刚柔修养，提了刚柔相济的要求，从正反两方面进行了论述，说明"纯柔"和"纯刚"都不行，必须刚柔相济。这一思想并非《将苑》作者的首创，而是继承了古代兵书《军谶》中的观点。黄石公《三略·上略》曾引用《军谶》语："柔能制刚，弱能制强。"又曰："能柔能刚，其国弥光；能弱能强，其国弥彰；纯柔纯弱，其国必削；纯刚纯强，其国必亡。"意思是说，示之以柔而能制其刚，示之以弱而能制其强。又说，贤明的国君在治理国家时做到"能柔能刚"，所以他的国家就日益光耀；贤明的国君在治理国家时做到"能弱能强"，所以他的国家就日益彰明；如果国君柔弱无能，那么

他的国家就必然衰弱；如果国君刚强自恃，那么他的国家就必然灭亡。

这段话精辟地概括了中国古代王朝兴衰的规律。以商纣王为例，他实施重税酷刑、严格推行周祭制度、改变用人政策、推行严厉的法律，对外屡次发兵攻打东夷诸部落，这些行为在统治集团内部引发矛盾，动摇了商王朝的统治基础。最终，在牧野之战中，商军大败，商王朝随之覆灭，原本势力弱小的西周建周王朝取而代之。

秦王朝也是如此。秦统一后的十几年中，秦始皇组建了一支规模宏大的军队，建立了一个庞大的官僚机构，进行了多次大规模战争，完成了浩大的国防建设，并兴建了众多土木建筑。据估计，当时全国的人口为一千多万，壮年男子中，有超过三分之一的人被征召服兵役，总数超过200万。此外，秦始皇还迁移关中50万秦人至岭南与当地人民族融合，但这导致了关中空虚，大大动摇了秦的统治基础。秦二世时期，朝廷进一步加重了对农民的剥削和压迫，以"税民深者为明吏"，以"杀人众者为忠臣"，(《史记·李斯列传》) 在暴吏酷刑的逼迫下，农民们纷纷逃亡山林，举行暴动。种种情况表明，急政暴行激化了社会矛盾，为秦王朝倾覆埋下了伏笔。最终，存世仅仅15年的秦王朝几乎一夜之间就被农民起义推翻了。

鉴于历史上商纣王与秦王朝的暴政导致的迅速衰败，此后的君王们深刻汲取教训，大多注重以怀柔治天下。刘邦入关之时与民"约法三章"，展现出怀柔之意，当政后更是将此政策贯彻始终。汉武帝、汉光武帝、唐太宗、康熙帝等等，都擅长刚柔相济之道，为开创一个又一个"盛世"营造了有利的政治环境。

《司马法·天子之义》有言:"古者,国容不入军,军容不入国。"说的是朝廷的礼仪法度不能用于军队,军队的礼仪法度不能用于朝廷。其根本宗旨,是要区分治军与治国,二者之间有明显的差异,千万不可混淆趋同。但是,此话若不经细辨,或易使人误解为治国只需文,治军只需武,仿佛带兵的武将只需"纯刚"即可。

武将固然需要刚强,但是一味"纯刚纯强",也难免"其势必亡"。三国猛将张飞之死,就很能说明问题。在《三国演义》中,关羽败走麦城,被孙权所杀,刘备得知后悲恸不已,积极备战两年后率军攻打东吴,为关羽报仇。刘备派遣张飞为讨吴先锋,并嘱咐道:"朕素知卿酒后暴怒,鞭挞健儿,而复令在左右,此取祸之道也。今后务宜宽容,不可如前。"刘备对张飞非常了解,他知道张飞脾气暴躁,特别是酒后经常鞭打身边的士卒,打完后还把他们留在身边使用,这样做无异于自取灭亡,于是提醒张飞以后要宽容,不能像原来那样了。

张飞回到行营后,立即下令军中:限三日内置办白旗和白甲,三军挂孝伐吴。次日,张飞帐下末将范疆、张达入帐禀告:"白旗、白甲一时筹措不齐,须宽限些时日。"张飞大怒:"我着急报仇,恨不得明天就到逆贼境内,你们竟敢违背我命令?"于是令手下将两个末将绑到树上,各鞭背50下。打完还恨恨地说:"你们明天一定要完成任务,如若超过了期限,就杀你们示众!"范疆、张达第二天无论如何也完不成筹备任务,两人一商量,与其让张飞杀了他们,不如他们杀了张飞。于是,两人当夜趁张飞醉酒,借禀报机密之事进入张飞帐中,用短刀刺死了张飞。一代猛将张飞,就这样惨死于自己部下手中。

虽然这段描述源自小说,真实性无从考证,但是张飞个性刚强有余、柔软不足是广为人知的，值得人们引以为戒。优秀的将领，应当做到刚柔相济、强弱相宜。

那么，如何把握好刚与柔、强与弱的分寸，既避免纯刚纯强，又避免纯柔纯弱呢？这需要高超的智慧和良好的修养。在这方面，有"文能附众，武能威敌"美誉的司马穰苴可谓典型。

司马穰苴居然敢于斩杀当朝宠臣，而且还刀劈君王使者的座驾，其刚强程度非常人可比。然而，他并非纯刚纯强，该柔软的时候也非常柔软。整军之后，他立即率师出发，奔赴前线。一路行军过程中，对部下尽显柔软之情。他不仅对士卒们的休息、宿营、掘井、修灶、饮食、疾病、医药等事项都亲自过问并安排，而且还把供给将军的全部费用和粮食，都用来犒赏士卒，自己与士卒吃一样的伙食，对体弱士卒特别照顾。如此体贴入微地以情带兵，自然很快就取得了将士们的信任，以至"病者皆求行，争奋出为之赴战"（《史记·司马穰苴列传》）。

当刚强时则刚强，当柔软时则柔软，真正做到"不柔不刚，合道之常"，方能成为司马穰苴式的"良将"。

在现实生活中，有些领导一味刚强，或行事任性，或以权压人，自以为是敢做敢当的领导。这种类型的领导，不是变成孤家寡人，就是使得团队氛围乌烟瘴气。另有一些领导则一味柔软，或事事迁就，或极其低调，自以为这样才是亲民的领导。事实证明，这种类型的领导也难成大器。曾有一篇网络文章，描述了一些创业型的公司，在起步阶段就租最好的办公室，追求奢华装修，配备顶级办公设施，人手一台苹果电脑。每天都有早茶、下午茶时间，一天工作 8 小时，其中有 3 个小时是休息时间。尽管老板的初衷是用优越的条件和充满人性化的方式留住人才，然而事与愿违，这种舒适安逸的工作环境，激发不起员工的奋斗意志和团队精神，反而使得企业如同沙滩上的城堡，不久便轰然倒塌了。

刚与柔，强与弱，是社会生活各个领域普遍存在的矛盾关系，彼此对立，又相辅相成，其间的微妙平衡决定着事业的成败，需要人们用心品味。无论是领导者在职场上奋斗拼搏，还是普通人在平时为人处世，要想立于不败之地，必须学会刚柔相济，刚柔适度，才能"合道之常"。

（十）将骄吝：将领统军的禁忌：骄傲与吝啬

【原文】

将不可骄，骄则失礼，失礼则人离，人离则众叛。将不可吝，吝则赏不行，赏不行则士不致命，士不致命则军无功，无功则国虚，国虚则寇实矣。孔子曰："如有周公①之才之美，使骄且吝，其余不足观也已"。

【注释】

①周公：姓姬名旦，是周文王第四子，武王的弟弟，我国古代著名的政治家，曾两次辅佐周武王东伐纣王，并制作礼乐，天下大治。因其采邑在周，爵为上公，故称周公。

【译文】

将领不可骄傲，骄傲就会失礼，失礼就容易使人心离散，人心离散就会众叛亲离。将领不可吝啬，吝啬就不愿行赏，不行赏就不能使士兵拼命作战，士兵不拼命作战，军队就不能建功立业。军队没有建功立业，国家就会虚弱。国家一旦虚弱，敌人的力量就相对强大了。孔子说:"一个人即使具有像周公那样的才能和美德,如果既骄傲又吝啬,也是不值得称道的。"

【新解】

本篇阐述直击古往今来为将者很容易犯的通病:骄傲和吝啬。将领统率千军万马,气势磅礴,再加上众人仰慕,颂歌盈耳,非常容易滋生一览众山小的心态。同时,自古猛将起于行伍,一步步打拼才成为将领,深知一切来之不易,因而也容易养成精打细算的习惯。适度的自豪和节俭无可厚非,但是过分的骄傲和吝啬必然会带来一系列问题。作者用递进的方式,分析了这两大毛病引起的连锁反应。"将不可骄",其中的"不可"两字,当理解为不可过分。一旦过分骄傲,必然不会礼待官兵;一旦不注重礼待官兵,必然上下离心离德,众叛亲离。"将不可吝",则是指将领不可以过分吝啬,一旦过分吝啬,必然舍不得奖赏官兵;官兵们得不到奖赏,也就不会拼死作战;官兵们不愿意拼死作战,整个军队也就难以建功立业;军队屡战屡败,国家就会虚弱;自己的国家虚弱了,敌人的国家必然强大起来。就是这么简单、直接的逻辑关系。

项羽的教训印证了作者的观点,提醒人们戒骄、戒吝极其重要。

项羽是楚国名将项梁的亲侄儿,堪称贵族子弟。且他身高八尺多,力能扛鼎,才气过人,是典型的"高富帅"。他跟随项梁举起反秦大旗,应者如云,一路英勇奋战,所向披靡。尤其是巨鹿一战,项羽破釜沉舟,尽显英雄本色。然而就是这么一位盖世英雄,最终却在与刘邦短短四年的楚汉战争中兵败自杀。究其原因,既有战略决策上的失策,也有作战指挥上的失误。

但是，最根本的还在于其自身的性格缺陷。

韩信曾经一针见血地指出了他的这种缺陷。韩信对刘邦说："项王喑恶叱咤，千人皆废，然不能任属贤将，此特匹夫之勇耳。项王见人恭敬慈爱，言语呕呕，人有疾病，涕泣分食饮，至使人有功当封爵者，印刓敝，忍不能予，此所谓妇人之仁也。"（《史记·淮阴侯列传》）这段话从两个方面分析了项羽的性格缺陷。

首先是"匹夫之勇"。这是项羽过分自傲的表现。表面上看，项羽在战场上英勇无双，一声怒吼，就把敌人吓得胆战心惊，每次打仗都冲在最前面，不屑于率领其他将领一起作战，一味逞个人英雄豪气。他之所以"不能任属贤将"，其实源自骨子里的傲气。作为贵族子弟和灭秦功臣，项羽非常自傲，常常刚愎自用，听不进部下的意见，也看不起其他的将领。韩信最初是投奔项羽的，但他先后两次提出建议，项羽都嗤之以鼻，气得韩信转身投奔了刘邦。陈平原本是项羽的谋士，也因为多次建议被项羽漠视而投奔刘邦。人才纷纷流失，最终项羽成了孤家寡人，在垓下之战中只能凭着匹夫之勇对阵韩信十万大军。

其次是"妇人之仁"。表面上看，项羽待人恭敬慈爱，言语温和，部下有人生病，会心疼得流泪，将自己的饮食分给他，但是等到部下立下战功，该加封进爵时，他又舍不得分封。"印刓敝，忍不能予"这句话描述得很形象。"印刓敝"，意思是把已经刻好的本该封赏功臣的大印捧在手里来回地摩挲，以致四个棱角都磨圆了，可见摩挲了多长时间，更可以想象他心中的不舍。

刘邦手下两位功臣曾直接指出了项羽的这个毛病。在刘邦称帝后不久的一次洛阳南宫宴会上，刘邦向群臣问："列侯诸将无敢隐朕，皆言其情。吾所以有天下者何？项氏之所以失天下者何？"高起、王陵对曰："陛下慢而侮人，项羽仁而爱人。然陛下使人攻城略地，所降下者因以予之，与天下同利也。项羽妒贤嫉能，有功者害之，贤者疑之，战胜而不予人功，得地而不予人利，此所以失天下也。"（《史记·高祖本纪》）

这番话虽然带有一定的奉承成分，但还是在一定程度上道出了刘、项二人的差别。刘邦"慢而侮人"，那是表面现象，实际上他非常谦逊地对待人才、重用人才，张良、萧何、韩信等杰出人才都全心全意跟随他打天下。而项羽的"仁而爱人"也是表面现象，他实际上刚愎自用，看不起任何人，以至于手下原有的一大把人才都跑了。至于慷慨和吝啬方面，两人更是风格迥异。刘邦对攻打城池、夺取土地的将领慷慨大方，将所攻下和降服的地方立马分封给他们，做到了"与天下同利"，项羽则是"战胜而不予人功，得地而不予人利"，将一切揽在自己手里，当然尽失人心，终致丢了天下。

项羽既自傲，又吝啬，把原本一把好牌打得稀烂，尽管有人曾称赞"羽之神勇，千古无二"，但在《将苑》的作者看来，也是不值得称道的。

用现代的眼光来看，项羽的失败归根到底还是自身的格局不大。一个将领过分骄傲和过分吝啬，也都是因为格局所限。所谓格局，就是指一个人的眼光、胸襟、胆识、气度等心理要素的内在布局。内心格局大的人，胸襟必然开阔，能容人，会自谦。内心格局大的人，气度非凡，能兼爱，善恤民。一个人的发展在很大程度上受格局的影响。谋大事者必须要布大局，对于人生这盘棋来说，我们首先要学习的不是技巧，而是提升自身的格局。一个人格局大了，未来的道路才能宽广。

（十一）将强：将领的德行修养：五强与八恶

【原文】

将有五强八恶。高节可以厉俗，孝弟可以扬名，信义可以交友，沈虑可以容众，力行可以建功，此将之五强也。谋不能料是非，礼不能任贤良，政不能正刑法，富不能济穷厄，智不能备未形，虑不能防微密，达不能举所知，败不能无怨谤，此谓之八恶也。

【译文】

将领应具备五种品德，克服八种恶习。高尚的节操，可以用来激励世俗；尊长爱幼，可以凭它名扬四海；讲求信义，可以凭它结交朋友；深谋远虑可以广纳士众；身体力行可以建功立业；这就是将领的五种优良品德。筹谋策划时不能判断是非，讲究礼节却不能礼遇贤士，在施政方面不能严明法纪，富贵时不能赈济贫困，其智慧不能防患于未然，考虑问题时不能防微杜渐，飞黄腾达时不能举荐人才，失败后就怨天尤人。这就是将领需要克服的八种恶习。

【新解】

本篇着重从正反两方面论述了将领应当具备的品德和必须克服的恶习。作者首先提出了"五强"，即将领应具备的五种品德，包括高节、孝悌、信义、深虑、力行。同时分析了这五种品德在统军作战过程的效应，如：高尚的节操，可以用来激励世俗；尊长爱幼，可以凭它名扬四海；讲求信义，可以凭它结交朋友；深谋远虑可以广纳士众；身体力行可以建功立业。

显然，这五个排比句，既是讲品德，也是讲方法，意在告诉将领们既要努力修炼这些品德，又要善于在带兵打仗过程中根据不同情况发挥不同品德的效力。

然后，作者又从反面列举了"八恶"，作为将领修养的戒律。这"八恶"都是为将统兵之人应该力戒的，因为其中任何一"恶"都可能引起部队混乱或作战失败。如：筹谋策划时不能判断是非，讲究礼节却不能礼遇贤士，在施政方面不能严明法纪，富贵时不能赈济贫困，其智慧不能防患于未然，考虑问题时不能防微杜渐，飞黄腾达时不能举荐人才，失败后就怨天尤人。仔细品味其中之意不难发现，作者既是讲将领应当力戒的恶习，同时也是从反面做方法论的提示，提醒将领们力戒"八恶"的同时，应当谋而能料是非，礼而能任贤良，政而能正刑法，富而能济穷厄，智而能备未形，虑而能防微密，达而能举所知，败而能无怨谤。若能如此践行，将领们不仅可以变"八恶"为"八强"，更加全面地提升自身的品德和能力，还可以更加多元化地加强部队管理、激励官兵斗志。

曾国藩是一位颇有争议的历史人物，他残酷镇压太平天国农民起义，极力维护垂死的封建王朝，这是备受诟病的史实。但是，他又是19世纪中国最受人敬仰、最伟大的学者型官员。曾国藩去世后，左宗棠在挽联中写道："谋国之忠，知人之明，自愧不如元辅；同心若金，攻错若石，相期无负平生。"

从曾国藩一生的不凡经历中，我们不难发现，他确实是一个具有高节、孝悌、信义、深虑、力行等"五强"品格的儒将。这些品格在他的日记、书信等文字记载中得到了充分的体现。

一是高节。曾国藩认为："担当大事，全在明强二字。"所谓"明强"，一是能自胜者谓强，强调个人需战胜自我，克服内在局限；二是从自修处求强，即通过不断自我修养与提升，来追求更高境界。通过这两方面的努力，日积月累，逐步形成圣贤般的道德品行，这样就能修炼出高尚的节操，求得真正的明强。

二是孝悌。曾国藩曾言："孝友为家庭之祥瑞，凡所称因果报应，他事或不尽验，独孝友则立获吉庆。"在他看来，孝悌不仅是人伦之本，更是立身处世不可或缺的美德。对于父母，他虽身在官场，却常怀思亲之心，通过书信传递温暖，即便生活拮据，也不忘寄送银两衣物，确保父母生活无忧。对于兄弟，他作为家中长子，更是关怀备至，不仅在学业上给予悉心指导，还在生活上无私帮助。他曾在信中告诫弟弟们："兄弟和，虽穷氓小户必兴；兄弟不和，虽世家宦族必败。"这句话深刻地揭示了兄弟和睦对于家族兴旺的重要性。曾国藩用自己的言行，为弟弟们树立了兄友弟恭的典范。

三是信义。曾国藩认为，为人一要平和，二要守信。平和不仅可以养德，而且可以保身。"大抵胸多抑郁，怨天尤人，不特不可以涉世，亦非所以养德；不特无以养德，亦非所以保身。"守信，就是要"不说大话，不好虚名，不行架空之事，不谈过高之理，如此可以少正天下浮伪之习。"曾国藩时常自称"钝拙"，因而主张去伪崇拙，不尚机权，以"拙诚"破"机巧"。他还有一句名言："唯天下之至诚能胜天下之至伪，唯天下之至拙能胜天下之至巧"，意思是用最诚恳的心就能战胜虚情假意；用最朴素的语言和行动就能战胜投机取巧的做法。他不仅如此要求自己，在用人问题上，也比较偏爱用"乡气"重的人，因为他们敦实淳朴，言而有信，少浮滑之气。

四是深虑。曾国藩虽然时常自称"钝拙"，但其实他是一个高明的军事家、战略家,谋略思想非常丰富。他曾告诫兄弟:"凡行公事,须深谋远虑。"这句话不仅是对兄弟的叮咛,更是他处理重大事务时深思熟虑的真实写照。例如,当太平军起事、举国束手无策之时,只有他以超人的胆识创立湘军。在朝廷上下或急于求成,或悲观绝望,纷无定计之际,还是他提出了"以上制下、取建瓴之势",即"争夺武昌,控制长江中游,再指向九江、安庆,进而攻陷天京"的平定太平军战略,事后证明,这是一个极为高明的战略,清王朝正是在这个战略的指导下取得了最后的胜利。剿灭太平军之后,他的功名事业如日中天,不少人建议他趁机问鼎京城,他却极度冷静,在大盛之中敏锐地察觉到大衰的征兆,毅然上疏请求辞去节制四省的大权,并采取果断手段,裁撤了自己的权力之本——湘军。他一生出将入相,没有大的蹉跌,在封建官场上像他这样的成功者并不多见,这无疑得益于他精通韬略,善于深谋远虑的本事。

五是力行。曾国藩虽自认天资平平,但正是这份自知之明,促使他更加注重身体力行与坚持不懈。而他的卓越成就,恰恰就是这份努力与坚持的最好证明。在学业上,他勤勉力行故得以遗存著述万卷;在修身方面,他躬行实践,故得以被家族后人尊为楷模;在教子之道上,他倾注心血,身体力行,故得以使晚辈桃李成荫;在事业上,他更是以力行著称,故得以建立奇功异勋。曾国藩曾言:"古之成大业者,多自克勤小物而来。"他认为,勤勉力行如天地之阳气,立身居家,做官治军,都是依赖阳气鼓荡。翻开他的著作,坚忍维持、坚忍力争、坚忍支撑、坚忍不懈等字眼随处可见。勤勉与力行,可以说是曾国藩外在形象和内心世界的真实写照,也是他从一个文弱书生成为湘军统帅的重要原因。

曾国藩的德行修养，除上述五方面特点外，他的俭廉、谦谨等也备受后人好评，无怪乎有人评价其为"千古第一完人"。

此评价是否恰当，姑且不论，曾国藩留给后人的家训，却是有口皆碑的。在诸多家训中，"六戒"与《将苑》中"八恶"颇为相近。他要求家族子弟力求"六戒"：一是久利之事勿为，众争之地勿往；二是勿以小恶弃人大美，勿以小怨忘人大恩；三是说人之短乃护己之短，夸己之长乃忌人之长；四是利可共而不可独，谋可寡而不可众；五是天下古今之庸人，皆以一惰字致败，天下古今之才人，皆以一傲字致败；六是凡成大事，以识为主，以才为辅，人谋居半，天意居半。

《论语》中有言："故旧无大故，则不弃也。无求备于一人。"意思是说，故旧之人无大恶逆，不要舍弃他。不要求全责备于某一人。金无足赤，人无完人。《将苑》中的备"五强"、戒"八恶"也好，曾国藩家书中的各种训诫也罢，强调的都是人们应当努力的方向、杰出人才应当达到的标准，也是人事部门培养人才必须关注的重点。但是，现实中选人用人，切不可以求全责备。常言说得好："水至清则无鱼，人至察则无徒。"水太清，鱼就无法生存了，要求别人太严，就没有伙伴了。

（十二）出师：将领率军出征仪式及行为准则

【原文】

古者国有危难，君简①贤能而任之。斋三日，入太庙②，南面而立；将北面，太师进钺③于君。君持钺柄以授将，曰："以此至军，将军其裁之。"复命曰："见其虚则进，见其实则退。勿以身贵而贱人，勿以独见而违众，勿恃功能而失忠信。士未坐，勿坐，士未食，勿食，同寒暑，等劳逸，齐甘苦，均危患；如此，则士必尽死，敌必可亡"。将受词，凿凶门④，引军而出。君送之，跪而推毂⑤，曰："进退惟时，军中事，不由君命，皆由将出。"若此，则无天于上，无地于下，无敌于前，无主于后，是以智者为之虑，勇者为之斗，故能战胜于外，功成于内，扬名于后世，福流于子孙矣。

【注释】

①简：选择。

②太庙：帝王的祖庙。夏朝时称为"世室"，殷商时称为"重屋"，周称为"明堂"，秦汉时起称为"太庙"。

③钺：古代兵器，青铜或铁制成，形状像板斧。

④凶门：古代将军出征时，凿一扇向北的门，由此出发，如办丧事一样，以示必死的决心，称"凶门"。

⑤毂：本义是指车轮中心的圆木，周围与车辐的一端相接，中有圆孔，可以插轴，借指车轮或车。

【译文】

从古至今，大凡国家遇有危难，国君会选拔贤德之人作将帅以解救国难。出征前，斋戒三日，进至太庙告祭列祖列宗，国君面南而站，将帅面北而立，太师双手奉上大斧（权力的象征），国君接过大斧，手持斧柄授给将帅说："从现在开始，部队由您指挥。"然后，国君接着说："作战时，见敌人势弱则进击，见敌人实力强固则以退为主。不要因为自己身居高位而看轻别人，也不要因为自己意见独特而听不进部下的意见。不可以凭借自己功绩显赫就失去人忠信本分的品质。部下还没有坐下来休息时，身为将帅不能自己先坐下来休息，部下还没有吃饭时，身为将帅也不要首先进餐，应该与部下同寒暑，等劳逸，齐甘苦，均危患，做到了这一切，手下的将士必会竭尽全力，敌人也一定会被打败。"将帅听完国君的训命后，宣誓效忠，然后亲自打开凶门，率军出征。国君送至北门，对将帅乘用的车马行跪拜礼，并亲手推动车轮，说："将在外，不受君命。从今天起，军队中的一切行动都由您来决策。"这样，将帅就具有了绝对的权威，可以使有智谋之人为之献策，使勇武之人为之效命沙场。由此，可以百战百胜，立下汗马功劳，也能扬名于后世，福泽恩及子孙。

【新解】

本篇基本上摘自《六韬·龙韬·立将》，着重讲将领率军出征的主要仪式及统军作战过程中的行为准则。作者生动形象地描述了出征的场面及君王与主将的对话，很有画面感。全文大致有三层意思。

首先，以隆重而庄严的形式凸显将领的至关重要性。在先秦时期人们的观念中，"国之大事，在祀与戎"（《左传·成公十三年》），而战争胜负、国家存亡又"命在于将"（《六韬·龙韬·立将》）。所以，一旦大敌当前，便需要用一些充满仪式感的场面，凸显出兵行动的重要性和将帅的崇高地位。在拜将仪式中，主将接受任命后，国君要斋戒三日，然后前往太庙，择吉日，再授予将帅斧钺。透过这一庄严仪式，我们看到的是国君对将帅的高度信任和殷切嘱托，以及将帅手中如泰山般的责任。历史上很有名的一次拜将是汉王刘邦拜韩信为大将军。

秦二世元年（公元前209年）7月，陈胜、吴广在大泽乡举行了中国历史上第一次农民起义，各地农民纷纷参加起义军。楚国名将之后项梁和其侄项羽也召集江东子弟奋起响应。这时，胸怀大志的韩信持剑投奔，在项梁麾下当了一个"无所知名"的小卒。不久，项梁兵败阵亡，韩信转归项羽麾下，不过仍只做了一个持长戟的侍卫。期间，韩信曾多次给项羽出谋献策，都没有被采纳。

过了两年，韩信断定刚愎自用、不任贤能的项羽难成大事，便毅然离开项羽，投奔远在巴蜀的汉王刘邦去了。不过刘邦开始也没有把他视若"奇才"，仅任命他为治粟都尉这样一个管后勤的小官。不久，韩信结识了刘邦的重臣萧何，两人在一起讨论天下形势。萧何深为韩信的才识所惊叹，表示要向刘邦引荐。但过了一段时间，刘邦还是没有重用他。于是，韩信便在一个月夜里悄悄地离开了汉营。萧何得知韩信逃走，十分痛惜，来不及向刘邦报告，就策马追赶韩信。这就是被传为美谈的"萧何月下追韩信"。韩信被追回来了，刘邦却很不理解地责问萧何："过去逃跑的将领数十个，你都不去追赶，为何唯独追赶韩信？"萧何回答说："那些将领很容易得到，至于韩信，国士无双。大王如果只想做汉中之王，没有韩信是可以的。如果想争夺天下，除了韩信您就再找不到可以同您计议大事的人了。"刘邦说："我当然是想向东以争天下，安能郁郁久居于此呢！"萧何说："大王决计东进，就必须重用韩信。不重用韩信，他会逃走的。"

刘邦素来尊重萧何的意见，见萧何极力举荐韩信，想必韩信确有大才，便决定选择吉日，斋戒沐浴，设立拜将台，举行仪式，拜韩信为大将。诸将得知刘邦要拜大将，都暗自窃喜，以为会拜自己为大将。及至拜将时，见到刘邦拜的却是年轻的韩信，"一军皆惊"。而韩信由都尉升为大将军，则是他一生中最大的转折点。史书没有记载刘邦拜将仪式的具体程序，但从韩信后来"连百万之军，战必胜，攻必取"的辉煌业绩来看，拜将仪式应当很隆重，既在众将面前明确了韩信的主将地位和权威，又给予韩信极大的信任和鼓舞。

其次，郑重地授命与授权。在仪式上，国君接过大斧，手持斧柄将其授予将帅说："以此至军，将军其裁之。"这实际上就是把整个国家和军队的命运交给将帅，生死存亡全靠将帅主宰。同时，也是授权，而且是完全放权，军中一切事务均由将帅决断。之所以要完全放权，并不是国君慷慨大方，心胸豁达，而是战争本身的客观要求，同时也体现了国君高超的御将艺术。如果战时国君对战事干预掣肘，对将帅采取不信任的态度，必然会干扰前线将帅的决策和计划，从而导致战争的失败。

历史上这方面的经验教训不胜枚举。例如，北宋时期，由于统治者认为前朝国家长期分裂皆因将帅专权，便采取了一系列措施分散将帅权力，甚至每次开战前皇帝都要亲自画好阵图，严禁将帅自主决策。这些措施虽然保证了统治者对军队和将帅的有效控制，却极大地限制了将帅主观能动性的发挥，对军队战斗力的消极影响很大。北宋因此一直受到北方少数民族侵袭，屡屡签订城下之盟，甚至因此而亡国，这不能不说是其统治者奉行"将从中御"，不愿充分授权给将帅造成的恶果。

最后，明确对将帅的要求和行动准则。拜将仪式中，国君授予将帅斧钺之后，立马对将帅提出明确要求。

第一，要灵活作战，"见其虚则进，见其实则退"。

第二，要谦虚谨慎，"勿以身贵而贱人"。

第三，要发扬民主，"勿以独见而违众"。

第四，要不忘初心，"勿恃功能而失忠信"。

第五，要以情带兵，"士未坐，勿坐，士未食，勿食，同寒暑，等劳逸，齐甘苦，均危患"。

这五段文字，既是国君对将帅提出的要求，也为将帅在统军作战过程中树立了行为准则和规矩。将帅只有严格遵守这些原则，才能不辜负国君的期望和重托，充分利用手中的权力，赢得智士谋臣的衷心献策与勇猛之士的誓死效命。

彰显将威、完全授权、明确要求，三步层层递进，既展现了拜将仪式的主要程序，又阐明了用将的思想和将领应具备的品行，以及应遵循的规则，形式与内容有机结合。

本篇所阐述的三层意思，颇有现实借鉴意义。各领域的竞争，归根到底是人才的竞争，要想让人才充分施展其才能，首先必须信任人才、尊重人才，给予必要的形式上的宣传和鼓励。比如，就职宣誓，退休欢送等等。比之于形式上的尊重，实质上的信任和授权更重要，这更能真正激发人才的内在动力和活力。同时，授权不等于放任不管，其实质是目标性管理，即赋予人才明确的目标和任务，并提出一系列具体要求和规则，以便人才执行过程中目标明、规矩清、措施实。从另一角度来看，作者借君王之口提出的五点要求，实质上蕴含了将帅统军作战的领导艺术，将其作为现代人才提升领导力的重点，也无不可。

（十三）择材：主将编组部队宜量其材而用之

【原文】

夫师之行也，有好斗乐战，独取强敌者，聚为一徒，名曰报国之士；有气盖三军，材力勇捷者，聚为一徒，名曰突阵之士；有轻足善步，走如奔马者，聚为一徒，名曰搴旗①之士；有骑射如飞，发无不中者，聚为一徒，名曰争锋之士；有射必中，中必死者，聚为一徒，名曰飞驰之士；有善发强弩，远而必中者，聚为一徒，名曰摧锋②之士。此六军之善士，各因其能而用之也。

【注释】

①搴旗：高举旗帜，这里引申为夺取敌人的旗帜。

②摧锋：挫败敌军的锐气。

【译文】

军队即将出征时，将帅在编组部队作战单元时应该注意：有的士兵武艺高强，喜欢对敌厮杀，愿意独立地与强劲对手较量，应把他们编在一个行列里，称之为报国之士；有的士兵气冠三军，精力充沛，身手矫捷，应把他们编在一个行列里，称之为突阵之士；有的士兵行走快速而敏捷，像飞驰的马一样有威势，应把他们编在一起，可称之为搴旗之士；有的士兵善骑善射，箭术高超，百发百中，应把他们编在一起，称之为争锋之士；有的士兵擅长射箭，是一流的射手，也应把他们编在一个行列里，称之为飞驰之士；有的士兵力大无比，可以使用强有力的弩，即使射程比较远也可以射中目标，应把他们编成一组，称之为摧锋之士。这是六军中的优秀将士，应该让他们充分发挥自己的特长，各尽其才，各展其能。

【新解】

　　本篇着重论述将领编组作战力量时"各因其能而用之"的问题。作者把军中优秀士卒分为六种类型，并详细阐述了每种类型的特点及其在战斗中的角色和任务。如：报国之士，可以组成敢死队，他们"好斗乐战，独取强敌"，为报国而不惜牺牲，适于与敌决战。突阵之士，可以组成突击队，他们"气盖三军，材力勇捷"，适于攻坚作战。搴旗之士，可以组成先锋队，他们"轻足善步，走如奔马"，适于率先夺取敌军旗帜，或者高举战旗引领全军作战。争锋之士，可以组成奇袭队，他们"骑射如飞，发无不中"，适于快速杀入敌军阵营射杀其主将。飞驰之士，可以组成狙击队，他们"射必中，中必死"，适于精确打击敌军各种要害目标。摧锋之士，可以组成阻击队，他们"善发强弩，远而必中"，适于阻挡和挫败敌军的攻势。

　　虽然作者对六种士卒类型的划分略有牵强，但是有三个方面的思想还是值得肯定的。

　　首先是提出分类编组作战力量，避免平均用力。古代作战有多种阵形，雁形阵、鱼丽阵、梯形阵、方阵、圆阵、长蛇阵等等。阵形不同，各个部队处于不同位置，发挥不同作用。如果平分兵力，担负前锋冲锋、后卫防守、中军指挥、侧翼掩护、奇兵突袭等任务的部队就很难发挥其在整个阵形中的作用。而根据不同作战能力编组多种作战单元，使各作战单元在特定作战位置发挥各自的优势，如此，整个部队便可如生龙活虎一般，攻必取，守必固。

　　这种战略智慧，对于现代组织管理同样具有深刻的借鉴意义。组织管理最忌讳资源平均分配，这往往会导致团队氛围沉闷，缺乏活力。根据组织成员不同特长编组分配任务，既有助于发挥每个成员的能力，也有助于促进各编组之间的竞争热情，从而激发整个组织的活力。

其二是暗含联合作战思想，即应避免陷入单一作战模式。战争绝不是西方决斗式的个人对决，而是整体作战、联合作战。作者划分六种编组，既强调分组作战，又注重各组之间的联合与配合，以此汇聚成强大的整体战斗力，而非各自为政，单打独斗。这种思想对于现代管理也有一定的参考价值。在组织管理中，另一个需要警惕的问题是分散力量。如果每一个组成单元都各自为战，势必使整个组织变成一盘散沙，只有既实现合理的分工，又确保各单元之间的紧密合作，才能强化综合效益，优化整体合力。

其三是提出了"各因其能而用之"的原则。这是一种聪明的领导管理艺术，适用于各个层次。基层的人才需要因其能而用之，高层的人才更要择其才而使之。个体优势一旦用在合适的地方，往往可能倍增其效能。然而，这一原则说起来简单，实践中却容易被忽略。无论古代还是现在，不少领导者不是喜欢任人唯亲，就是偏爱乖巧之人。这种领导者既埋没了真正的人才，自己也难成大业。刘邦从一介小吏起家，最终扫灭群雄，吞并天下，善于用人之所长，可以说是其成功的关键因素。

刘邦称帝之后曾不无得意地说："夫运筹策帷帐之中，决胜于千里之外，吾不如子房。镇国家，抚百姓，给馈饷，不绝粮道，吾不如萧何。连百万之军，战必胜，攻必取，吾不如韩信。此三者，皆人杰也。吾所用之，此吾所以取天下也。项羽有一范增而不能用，此其所以为我擒也。"(《史记·高祖本纪》)这段话颇为精辟地道出了刘邦得天下，项羽失天下的关键所在。

刘邦用人不管什么出身，只要有一定的才能就量才录用，论功行赏。因此,他手下的文臣武将大都是有一定特殊才能的人物。如张良最初投靠刘邦时,仅拜为厩将。厩将一职,一说是负责车马后勤方面工作的将领,一说是没有依附关系的客僚。总之,职位不高。张良多次用《太公兵法》向刘邦献策,刘邦十分欣赏并经常采纳,于是提拔其为主要谋士。原来沛县的小吏萧何擅长管理行政、经济,刘邦让他建设关中根据地,后来萧何当了丞相。韩信,原本是项羽部下、后转投刘邦,刘邦最初也只是给他一个管后勤的官职,不久之后经萧何力谏,刘邦拜他为大将军。陈平"家乃负郭穷巷,以敝席为门",但他足智多谋,随刘邦南征北战,"六出奇计",后来刘邦封他为曲逆侯。樊哙原先以屠狗为业,跟随刘邦后,屡建奇功,被封为舞阳侯。夏侯婴马车夫出身,后官至太仆。周勃曾以织蚕箔和给人办丧事为生,被刘邦起用后,做了掌握全国军事的太尉。灌婴原先在睢阳贩卖布匹,后来官至御史大夫。郦食其、陆贾擅于论辩,娴于辞令,刘邦就派他们从事外交工作,"常为说客,驰使诸侯"。叔通孙精通礼仪,被刘邦任命为掌管宗庙礼仪的官员。张苍精于天文和数学等自然科学,刘邦就命他做计相,编历法,定度量衡。这些人在刘邦手下,都充分发挥了自己的特长,为刘邦一统天下做出了贡献。

项羽作为楚国贵族子弟,声名显赫,麾下曾经聚集了许多杰出人才。但是,他徒有延揽人才之名,实则奉行"非诸项即妻之昆弟"的原则,不能任用真正有才能的人。而且他刚愎自用,独断专行,听不得半点不同意见。这就使得他旗下的人才受到压制,不能发挥作用,最后纷纷离他而去。如陈平、韩信、彭越等人纷纷背楚转汉,做了刘邦的谋士、将领,就连最忠诚于他的谋士范增最终也离他而去。项羽众叛亲离,成为孤家寡人,终于在垓下之战中损兵折将,陷入四面楚歌的境地,被迫自杀。

刘邦和项羽的成败得失,从正反两方面证明"各因其能而用之"实在是高明的领导管理艺术,是充分发挥人才特长的有效方法,也是事业成败的重要途径。

值得注意的是,"各因其能而用之"有一个前提条件,那就是领导者必须具备智慧的眼光,善于识别人才优劣,鉴别人才特长,发掘人才潜能,如此才能真正做到"各因其能而用之"。

(十四)智用:将领的指挥艺术:活用"三才"

【原文】

夫为将之道,必顺天、因时、依人以立胜也。故天作①时不作而人作,是谓逆时;时作天不作而人作,是谓逆天;天作时作而人不作,是谓逆人。智者不逆天,亦不逆时,亦不逆人也。

【注释】

①作:发生,起作用。

【译文】

将帅统军出征想夺取战斗的胜利,必须考虑到顺应天时、把握时机、巧用人才这几方面的因素。所以顺应了天时、也具备了相应的战斗力,但时机却不成熟,这种情况出兵是逆时;具备了相应的战斗力,有了成熟的战机,但不具备天时条件,这样出兵是逆天;顺应了天时、抓住了战机,但却不具备相应的战斗力,这样的出兵是逆人。明智的将帅领兵作战,既不逆天,也不逆时,更不逆人。

【新解】

本篇名为"智用",讨论的是将领在作战中如何智慧地运用"天、地、人"三大要素。作者首先提出一个观点,那就是将领统军作战要想赢得胜利,必须做到"顺天、因时、依人"三者结合。接着又从反面强调,不能"逆天、逆时、逆人"。

自古以来,战争都是在一定的客观环境中展开,而不是仅仅停留在纸面上。因此,高明的军事家绝不会纸上谈兵,而是运用天、地、人"三才"思想分析人的能动性,强调根据客观条件灵活用计、用谋。

"三才者,天地人",这句话反映的是中国人独有的一种世界观。它把整个世界或者说整个生存空间,概括成了一个主要由天、地、人三个组成部分构成的、不断变化发展的活的系统。根据这个思想,兵家认为,战争就是由天、地、人组成的舞台,所以他们非常重视立体、动态、综合地分析战争规律及战争法则。比如,《孙子兵法·计篇》中强调要从"道、天、地、将、法"五个方面分析敌对双方的情况,这就是"三才观"的体现。其中,道、将、法都讲的是人的因素,三者之中,人为大。《孙子兵法·地形篇》更为典型,不仅要求"知彼知己,胜乃不殆",而且强调还要"知天知地,胜乃可全"。这些观点意在告诉人们,在敌对双方同时共享的天时地利舞台上,是成为胜者还是败者,出演喜剧还是悲剧,很大程度上取决于人的能动性因素,也就是人运用天时地利能力的高低。

本篇基本观点也是如此,虽然要求"顺天、因时、依人"三者结合,其实落脚点还在于人,有了天时,亦有了地利,没有人的主观能动性,也无济于事。

1955年,我军和国民党军队最后一场正面战争,同时也是我军目前唯一一次海、陆、空联合作战的一江山岛战役，我军之所以能够一举得胜，重要原因之一就是指挥员充分发挥主观能动性，准确地把握了天时、地利。

1949年，国民党残余部队退守东南沿海部分岛屿，企图利用这些岛屿作为屏障及策划未来行动的基地。浙江东部沿海国民党军所占岛屿的指挥中心和防御重点为大陈岛，而一江山岛则是大陈岛的屏障和前沿据点。中华人民共和国成立之时，我军海、空军力量极为薄弱，因此国民党军经常利用这些沿海岛屿对大陆实施袭扰。为此，我军积极准备登岛作战，将击破国民党军在浙东沿海岛屿的防御体系作为重点。

1950年，随着抗美援朝战争的爆发，我军战略重心不得不由东南沿海暂时转向东北地区。蒋介石感觉此时反攻大陆有望，决定加强闽浙沿海力量。我军在朝鲜战场同以美国为首的"联合国军"进行保家卫国战斗的同时，也丝毫不敢放松大陆沿海的军事防御。

1951年2月，张爱萍任浙江军区司令员兼第七兵团司令员，开始筹谋解放浙江沿海岛屿问题；在朝战结束前不要进行对浙江上下大陈岛的作战。朝战结束后何时进行此项作战，亦需慎重考虑。1953年7月27日，朝鲜停战协定在板门店签署。解放东南沿海岛屿以及台湾问题再次成为我军中心任务。1954年8月底，华东军区成立浙东前线指挥部（以下简称"前指"），以张爱萍为司令员兼政委。

1954年12月2日，美蒋签订了《共同防御条约》，其中所规定的范围，明确提及者只有"台湾与澎湖诸岛"，并没有包括大陆沿海岛屿。我军分析，从美国为蒋介石画下的这个"保护圈"来看，美无意插手沿海诸岛军事斗争，这为我军谋划解放浙江沿海岛屿提供了有利的外部条件，意味着攻岛作战的时机出现了。

大陈岛是整个大陈列岛及其周边地区国民党军攻防体系的核心，如果攻下大陈岛，其他岛屿便易于攻取。但是大陈岛防御完备，而且距离大陆又远，解放军难以对登陆部队提供有效支持。那么，登岛作战首选什么地方作为登陆点呢？通观整个大陈列岛地形，一江山岛堪称其门户。当时国民党的军事负责人俞大维曾经说，"一江不保，大陈难守"。而且，一江山岛距离大陆较近，在大陆岸炮的火力攻击范围内。因此，一举夺取一江山岛，以此形成威胁，进而进攻大陈岛，成为作战方案的最佳选择。1954年8月31日，前指作战部署会议在宁波召开，讨论作战方案，决定首先拔除大陈岛前哨——一江山岛。为了选择有利的登陆地点，张爱萍对着航拍照片翻来覆去地看，最终选择了一江山岛西北角的两个突出地段。

接下来就是"因时"的问题了。一旦时间确定，也就确定了攻打一江山岛，从而攻占整个大陈列岛的方案。

张爱萍和前指选择的时间是1955年1月18日，根据收集到的20多年的气象资料，1月17日、18日、19日的风、浪、潮汐都适宜海、空作战，在1月19日后天气可能转坏。因此建议在17日做好一切准备，18日发起攻击，19日结束战斗。

战争是非常具体的，每一个环节都必须非常精细。除了根据气象变化选定进攻日期外，还必须考虑进攻当天具体的时间，是白天还是夜晚。在研究作战方案的会议上，指挥员们曾经对发起进攻的时间产生了争议。温台巡防区副司令员陈雪江主张白天登陆。这与登陆作战"夜间航渡、拂晓登陆"的惯例不同，遭到了很多人的反对。然而，陈雪江的建议却得到了张爱萍的支持。张爱萍给出了三点理由：首先，一江山岛多悬崖陡壁，夜间不易攀登攻击；其次，此次渡海作战的装载工具由各方拼凑而来，夜间登陆不利于组织协调；最后，当时我军掌握了战区海空优势，完全有能力在白天发动攻势，为水面进攻提供保障。

1955年1月17日晚，大战在即，张爱萍几乎一整夜没合眼。海面上狂风呼啸，集结起来准备参与作战的船只在风浪中摇晃，互相碰撞。如此大风大浪，战船很容易倾覆，也很容易偏离航向，强行攻击难有胜算。这时候天气变化就成为能不能作战的决定性因素了。张爱萍半夜里多次打电话到空军气象科询问天气情况，最终气象科给出肯定的回答：这是短时大风，即将结束。于是，张爱萍果断决定按预定时间发起进攻。

登陆作战从1月18日早上8点开始，飞机轰鸣着开始了第一次空中袭炸。中午时分，炮兵群开始炮击一江山岛，几乎同时，登陆部队乘坐的船只起航。接下来，海军和空军对一江山岛进行轮番的火力攻击。直到下午3时，步兵两个团全部登陆，然后迅速占领了有利地形。战至19日2时，一江山岛完全解放，岛上敌军1086人被全歼。三天后，国民党军全部撤出大陈岛，紧接着又放弃了其他浙江沿海岛屿。一江山岛战役大获全胜。

显而易见，张爱萍等指战员正是因为巧妙地运用了"顺天、因时、依人"的三结合策略，避免了"逆天、逆时、逆人"的不利情况，因而取得了辉煌的胜利。

现实中，有些领导者的思维往往有两种极端。一种是过于自以为是，不顾客观的天时与地利，一味地按自己的主观愿望行事，不知不觉"逆天、逆时"，结果一事无成。对于企业家而言,"天"和"时"不仅关乎自然的天时、地利,也涉及国家的战略大环境和市场的小环境。企业家要讲政治,要看"天"吃饭。这个"天"就是政府的经济政策导向和国家的战略形势。一旦"逆天"而行,只能是一败涂地。

同时,企业家也需要深耕市场,把握"地"利,即市场环境和行业状态,一旦"逆地""逆时",也可能血本无归。另一种极端是消极等待,单纯等待有利的天时和地利,而不注重发挥自己的主观能动性。其实,如果仔细分析就不难发现,"顺天、因时、依人"之中隐含一个关键,那就是有利的天时、地利、人和等因素,并不是自动形成的,更不是某一个人独享的,而是需要各方通过竞争去争取。最终谁能真正做到"顺天、因时、依人"三结合,就取决于谁能更有效地改造、捕捉这三要素。不言而喻,聪明的领导者应当尽量避免这两种思维极端,在现实工作中巧妙地做好"顺天、因时、依人"三结合。

(十五)不陈:统军作战最高境界:善战不斗

【原文】

古之善理者不师,善师者不陈[①],善陈者不战,善战者不败,善败者不亡。昔者,圣人之治理也,安其居,乐其业,至老不相攻伐,可谓善理者不师也。若舜[②]修典刑,咎繇[③]作士师,人不干[④]令,刑无可施,可谓善师者不陈。若禹[⑤]伐有苗[⑥],舜舞干羽而苗民格,可谓善陈者不战。若齐桓[⑦]南服强楚,北服山戎[⑧],可谓善战者不败。若楚昭[⑨]遭祸,奔秦求救,卒能返国,可谓善败者不亡矣。

【注释】

①陈:《广雅》:"陈,列也。"指作战时队伍的组合布置,后分化出"阵"字。

②舜:姚姓,一作妫姓,名重华,谥曰"舜",中国上古时代父系氏族社会后期部落联盟首领,建立虞国,被后世尊为帝,列入"五帝",史称帝舜。

③咎繇:亦作"咎陶",即皋陶。舜之贤臣,主管刑狱,享有德名。

④干:冒犯。

⑤禹:姓姒,名文命(也有"禹"便是名的说法)。史称大禹、夏禹、戎禹,为夏后氏首领、夏朝开国君王。

⑥有苗:也称三苗,尧、舜、禹时代我国南方较强大的部族,传说舜时被迁到三危。有,词头。《尚书·大禹谟》:"帝曰:咨,禹。惟时有苗弗率,汝徂征。"孔颖达《尚书正义》:"三苗之民,数干王诛。"

⑦齐桓:姜姓齐国第十六位国君(公元前685—公元前643年在位),春秋五霸之首。

⑧山戎:山戎又称北戎,是我国春秋时期北方的一支较强大的少数民族。活动地区在今河北省北部。

⑨楚昭:约公元前523年—公元前489年,芈姓,熊氏,名壬,又名轸(珍),楚平王之子,春秋时期楚国国君。公元前516年,楚平王去世,不满十岁的太子壬继位,是为楚昭王。楚昭王是楚国的一位中兴之主。

【译文】

古代善于治理国家的君主不会轻易地使用军队,善于统军作战的将领不会轻易布阵，善于布阵的将领不会轻易交战，善于作战的将领不会轻易失败，善于处理败局的将领不至于灭亡。远古时，圣贤治理国家，使各部落安居乐业，互不侵犯，这就是所谓的"善理者不师"。比如虞舜修明法制，任命咎繇（即皋陶）为掌管刑狱的官，大家不敢违犯法纪，刑法不用施行，这就是所谓的"善师者不陈"。又如大禹率兵征伐有苗，舜仅用盾牌和雉羽齐舞，苗民就归顺了，这就是所谓"善陈者不战"。又如齐桓公向南征服了强大的楚国，向北战胜了山戎，这就是"善战者不败"。再如楚昭王时，遭到被吴国军队攻占郢都的灾祸，跑到秦国请来救兵，终于又收复了国都，这就是所谓的"善败者不亡"。

【新解】

本篇题为"不陈"，其实是"不战"的意思，其核心思想与孙子兵法中的"不战而屈人之兵"大体一致。作者连用五个排比句拓展了孙子的思想，提出"善理者不师，善师者不陈，善陈者不战，善战者不败，善败者不亡"。虽然这些排比句式为追求文字的工整而略显刻板，但其核心思想是十分突出的。那就是要善于斗智，而不是单纯依靠武力。至于如何斗智，才能"不师""不陈""不战""不败""不亡"，作者没有从方法论上申说，而是列举一系列古代案例，引导读者自行领悟其中的奥妙。

比如虞舜在统治时期注重修明法制，任用皋陶为士，掌管刑罚、监狱和司法事务。皋陶定刑法、造监狱，创"五刑"，兴"五教"，并编纂了中国历史上第一部法典《狱典》。作为大法官，皋陶坚持铁面无私、秉公执法，主张刑教兼施，安民则惠。传说皋陶用獬豸来辅助断案,以致"人不干令,刑无可施"。獬豸俗称独角兽,如牛羊,似麒麟,毛黝黑,目明眸,懂人言,知人性,能辨是非曲直,识善恶忠奸,虽然带有神话色彩,却是司法公正、光明正大的象征。因此,皋陶被尊为中国有史以来第一位大法官、中国的"司法鼻祖"。正因为皋陶以法治国,社会安定,所以虞舜无需摆兵布阵就能威慑四方。

又如,虞舜时期南方的有苗氏部落不服其管辖,禹请求率兵征伐,舜不许,说:"君主的德行不深厚而靠武力去征服,不是治国之道。"于是舜转而采取怀柔之策,连续三年修政偃兵,以德化仁义服人,想方设法改变苗民的风俗,并在军事训练和演习中亲自拿着盾牌和雉羽做出舞蹈似的动作,指挥部队统一进退攻守。有苗氏的民众耳闻目睹着虞舜的强大实力和武力威慑,不久之后便自愿降服了。所以,舜不战而胜了。

再比如,公元前664年,山戎属国令支大举入侵燕国,燕国抵挡不住,形势十分危急。燕国国君派使者向齐国求援,齐桓公亲自率领齐军出击。在齐国跟燕国的配合下,联军击退了山戎的进攻,残余的山戎部队向东北溃逃。齐桓公率军追击,趁势攻灭了令支及其邻国孤竹。这次军事行动,不光解除了燕国的危机,还使得燕国归附了齐国,齐国的影响力在中原诸侯国中进一步上升。八年后,即公元前656年,齐桓公会同鲁、宋、卫、陈、郑等八个诸侯国的军队一起讨伐已经依附楚国的蔡国。打败蔡国之后,联军继续前进,讨伐楚国,屯兵陉地,与楚军形成对峙之势,阻止了楚军的扩张势头。鉴于楚军尚强,不宜硬取,于是齐桓公代表八国诸侯,和楚国在召陵举行会盟,史称"召陵之盟"。召陵之盟暂缓了楚国北进的势头,使得齐桓公的威信再一次提高,其霸主的地位更加巩固。所谓的"善战者不败",不是单凭武力强攻硬取,而是联络各方力量智攻巧取。

第四个案例是楚昭王时,楚国遭到被吴国攻占郢都的灾祸,楚昭王跑到秦国请来救兵,终于又收复了国都,这就是所谓的善于处理败局的人不至于灭亡。

楚昭王十年(公元前506年),吴王阖闾用伍子胥、孙武之计攻楚,在柏举之战后攻破了楚国都城郢。因为都城遭到了吴国的攻占,楚昭王只好一路逃亡,同时派大夫申包胥前往秦国求援。最初秦哀公并不想插手此事,拒绝了申包胥的求援请求。眼见自己的国家濒临毁灭,又救国无门,申包胥肝胆俱裂,急火攻心,站在秦国的宫墙边哭泣了七天七夜,不思茶饭,让所见之人无不落泪感动。最终他感动了秦王,答应派兵车五百辆救援楚国。与此同时,楚昭王也积极行动,安定人心,召集溃散的楚国士兵。到了公元前505年,前来救援的秦国大军,和楚国聚拢的士兵一起联手反击吴国。吴王阖闾见前方大势已去,只好班师回国,楚昭王得以恢复了楚国。这便是所谓"善败者不亡"的典型案例。"善败"并不是指习惯于失败,而是指善于在失败之后机智地起死回生。

上述四则案例,时间不同、角度不同,内涵却基本一致,主要说明一个观点,即实力与谋略相结合,才能做到"不陈",达到不战而屈人之兵的目的。在现实生活中,有些人处于强势时,只顾拼力气、拼消耗,死打硬拼,不知道智攻巧取,以至于消耗过大而逐渐衰败。另一些处于弱势的人,则容易悲观失望,坐以待毙,不知道如何用计用谋重振旗鼓,也不善于积极寻求外力,起死回生。本篇所言"不陈"思想,对于那些迷茫徘徊的人们来说,无疑具有极大的启示意义,值得深思并付诸实践。

（十六）将诫：统军作战之要：务揽英雄之心

【原文】

书①曰："狎侮②君子，罔③以尽人心，狎侮小人，罔以尽人力"。固行兵之要，务揽英雄之心，严赏罚之科，总文武之道，操刚柔之术，说礼乐而敦诗书，先仁义而后智勇；静如潜鱼，动若奔獭，丧其所连，折其所强，耀以旌旗，戒以金鼓，退若山移，进如风雨，击崩若摧，合战如虎；迫而容之，利而诱之，乱而取之，卑而骄之，亲而离之，强而弱之，有危者安之，有惧者悦之，有叛者怀之，有冤者申之，有强者抑之，有弱者扶之，有谋者亲之，有谗者覆之，获财者与之；不倍兵以攻弱，不恃众以轻敌，不傲才以骄人，不以宠而作威；先计而后动，知胜而始战，得其财帛不自宝，得其子女不自使。将能如此，严号申令，而人愿斗，则兵合刃接而人乐死矣。

【注释】

①书：指《尚书》。
②狎侮：轻慢，戏弄。
③罔：无，没有。

【译文】

《尚书》说："戏辱君子，就无法得到他的真心，蔑视小人，也无法使他们竭尽全力为自己服务"。所以，将帅领兵的要诀是：广泛笼络部下人心，严格有关赏罚的规章和纪律，要具备文、武两方面的能力，刚柔并济，精通礼、乐、诗、书，使自己在修身方面达到仁义与智勇兼备的境界；应让士兵像游鱼潜水一样不出声响，像奔跑中的獭一样突跃飞奔，又快又猛，打乱敌人的阵营，切断敌人的联系，削弱敌人的势力，挥动旌旗以显示自己的威力；撤兵时部队应像大山移动一样稳重、整齐，进兵时则要疾如风雨，彻底地摧毁败军败将，与敌交手则拿出虎一样的猛势；面对紧急情况应该想办法从容不迫，用小恩小惠诱敌进入设置好的圈套之中，想尽办法打乱敌军稳固整齐的阵势，当对方陷入混乱之际，及时把握机会，采取行动以获取优势或赢得胜利，对小心谨慎的敌军要用计使他盲目骄傲起来，用离间术打乱敌军的内部团结，对异常强大的敌人想方设法地削弱他的力量，要使处境危险的敌人感到安宁以麻痹敌人，让忧惧的敌人感到喜悦，使敌人疏忽起来，对投到我军的战俘要以怀柔的政策来对待，要使部下的冤屈有地方申诉，扶持弱者，抑制气势凌人的部下，对有智谋的部下要尽全力亲近他，对巧言令色的小人要坚决打击，获得了战利品要首先分给部下；如果敌人势弱，就不必用全力去攻击他，也不能因为自己军队力量强大就忽视了敌人，更不能以为自己能力高强就骄傲自大，不能因为自己受宠就到部下那里作威作福；对于整个战事的进行，要先制定详实的计划，要有万全的把握才能领兵出征，不独自享受战场上缴获的财物、布帛，俘虏的敌人也不自己独自役使。身为将帅做到了这些要求，严格号令，将士一定会积极作战，在战斗中效命疆场。

【新解】

本篇名为"将诚"，意味着重点是以告诫、劝勉的方式，提醒将领在统军作战过程中需要高度重视的一系列重要问题。首先，作者借用《尚书》中的话，直击军事行动的核心——"行兵之要",即"务揽英雄之心"。

"务揽英雄之心",语出《三略》:"夫主将之法,务揽英雄之心,赏禄有功,通志于众。故与众同好,靡不成;与众同恶,靡不倾。治国安家,得人也;亡国破家,失人也。"这里的"英雄"指德才杰出的文臣武将,"通志于众"的"众"泛指广大民众。这段话不仅强调收揽英雄之心,同时指出君主的意愿要与民众相贯通,强调上下要同心,体现了深厚的民本思想。从战略的高度,指出了延揽杰出人才、获得民众支持,对于治国安邦的重要意义。刘备正是意识到诸葛亮是难得的人杰,不惜三顾茅庐,最终揽得诸葛亮之心,也由此得以在列强征战中赢得一席之地,延续蜀汉基业。曹操为了得到杰出人才,曾三次下求贤令,一旦听说有人才求见,便如周公那样"一沐三捉发,一饭三吐哺",犹恐失天下之贤士。正因为如此,曹操帐下人才济济,上百位英勇善战的骁将和足智多谋的谋士跟随他打天下。

然而,在成功揽得英雄之心,使他们归附之后,更重要的是激发这些英雄人才的潜能,使他们不仅仅享有荣誉,而且能够积极作为,竭尽全力统军作战,赢得胜利。于是作者从三个层面提出了一系列统军方法和作战原则。

首先是平时治军过程中的五大抓手:一是严守信赏明罚之律,二是推行文令武齐之道,三是活用刚柔相济之术,四是大兴礼乐诗书之风,五是培塑仁义智勇之德。这些才是真正能够发挥英雄才能,一统千军万马的根本办法。

其次,作者从行军作战层面又一连陈述了二十五种进退之术、克敌制胜的办法,也就是"尽人力"去取得胜利的具体战术。

（1）攻击发起前，命令部队隐蔽待机时就应让士兵像游鱼潜水一样不出声响，十分安静。

（2）攻击发起时，率领部队突然出击就像奔跑中的獭一样突跃飞奔，又快又猛，迅速打乱敌人的阵营。

（3）攻入敌阵时，快速切断敌各部队之间的联系。

（4）作战过程中：

首先挫败敌人的精锐部队；

挥动旌旗以显示自己的威力；

以金鼓为号令统一各部队行动；

退兵时部队应像大山移动一样稳重、整齐；

进兵时部队应像暴风骤雨一样迅猛；

攻击敌人时要有摧枯拉朽般的气势；

一旦与敌军决战要如猛虎下山势不可当。

（5）要善于用计谋：

对被围的敌人，采取围师必阙之计，迫其就范；

采取利而诱之计，诱敌进入设置好的圈套之中；

打乱敌军稳固整齐的阵势，然后乱中取胜；

使小心谨慎的敌军骄傲起来，盲目行动；

采取挑拨离间之计，打乱敌军的内部团结；

诱使实力强大的敌人消耗，而削弱他的力量。

（6）对自己率领的官兵：

有危险时要设法让他们安定；

有害怕的要设法让他们兴奋起来；

有想叛离的，要想办法安抚他们；

有冤情的，要为他申冤；

爱逞强的，要适当抑制他们；

相对弱者,要尽力扶助他们;

有谋略的人要亲近;

进谗言的人要进行揭露;

缴获财物的,要及时奖赏他们。

这一系列战术大体涉及三个方面情况。一是进攻作战各阶段的若干战术;二是作战过程中削弱和瓦解敌军的若干计策;三是统军作战全程激励官兵斗志,保持充足实力的若干方法。

再次,作者又列举了六条禁忌,进一步从反面提醒将领要注意的问题。一是不以几倍的兵力去攻打弱小的敌人;二是不凭人马众多而轻敌;三是不依仗自己有才能而骄傲自满;四是不因为受到器重而作威作福;五是先谋划而后行动,有必胜的把握才战斗;六是缴获了财物不自己独占,俘虏敌人不自己役使。

作者最后归结说,为将之人,如果能够以上述各种治军方法和用兵战术告诫自己,并且努力遵行,自然能够对整个部队号令自如,所有官兵便都愿意战斗,即使是短兵相接,他们也乐意拼死效力。

本篇所强调的"务揽英雄之心",既是悠久的历史主题,也是重要的现实课题。当代社会各领域的竞争,核心是人才的竞争,得人才者得天下。得人才,不在于人数多少,更不在于学位高低,重在于得其心。这是本篇值得我们高度重视的思想精华之所在。同时,本篇所涉及的治军方法和作战谋略,不仅非常系统,而且十分具体,具有很强的可操作性,对于我们现代管理工作不无借鉴作用,在领导管理工作中也不妨以此诫勉自己,努力遵行。

（十七）戒备：治国安邦之大务，莫先于戒备

【原文】

夫国之大务，莫先于戒备。若夫失之毫厘，则差若千里，覆军杀将，势不逾息，可不惧哉！故有患难，君臣旰食①而谋之，择贤而任之。若乃居安而不思危，寇至而不知惧，此谓燕巢于幕②，鱼游于鼎，亡不俟夕矣！传曰："不备不虞，不可以师。"又曰："预备无虞，古之善政"。又曰："蜂虿③尚有毒，而况国乎？"无备，虽众不可恃也。故曰，有备无患。故三军之行，不可无备也。

【注释】

①旰食：指天晚了才吃饭，泛指勤于政事。多用于执政者、帝王等人的勤政。
②燕巢于幕：燕子把窝做在帐幕上。比喻处境非常危险。
③蜂虿：蜂和虿。都是有毒刺的螫虫。

【译文】

国家最重要的事务，莫过于加强戒备。因为哪怕是最细微的疏忽，也可能导致无法挽回的巨大损失。军队覆灭、将领被杀，往往就在瞬息之间，这怎能不令人畏惧呢？所以，一旦国家出现了危难，君臣应齐心协力，废寝忘食，共同谋划，挑选有本领的人担任将帅，指挥三军应敌。如果不能居安思危，敌人来临时还不知道害怕，这就像燕子在帷幕上筑巢、鱼儿在锅里游荡一样，兵士们的生命也将危在旦夕！《左传》说："如果没有做好准备，也不能预料敌情，就不可以出兵征战。"又

说:"事先做好充分的准备以防不测,这是古代就传下来的明智之举。"还说:"蜂、虿这样的小昆虫都有毒刺作为防御的工具,更何况是一个庞大的国家呢?"如果没有充分的防备,即使人数再多也不能保证安全。所以说,有了防备就没有忧患。因此,军队出征,绝对不能没有防备。

【新解】

本篇文章论述的是一个历史主题,即忘战必危。春秋时期兵家司马穰苴的《司马法》中就提出:"故国虽大,好战必亡;天下虽安,忘战必危。"作者继承这一思想,开篇即言:"夫国之大务,莫先于戒备。若夫失之毫厘,则差若千里,覆军杀将,势不逾息,可不惧哉!"不仅强调要高度重视战备,而且将之视为"国之大务",是治国安邦的首要任务、头等大事。这与孙子"兵者,国之大事,死生之地,存亡之道,不可不察也"的观点完全一致。可悲的是,历史上总是有些国君无视这一思想,一味安于现状,最终走向衰败。西晋就是如此。

公元280年,西晋灭亡吴国后,晋武帝司马炎着手实施了双重策略:一方面,他推行了一系列旨在促进经济发展的举措,如屡次责令郡县官劝课农桑,并严禁私募佃客;原吴蜀地区招募民众北迁以增强北方人口;废止了屯田制度,将屯田民编入州郡户籍等。另一方面,裁撤州郡军队,并倡导军队将领转向治理政务,认为国家已进入和平时期,无需维持高强度的军事准备。然而,裁撤州郡军队遭遇了素有"杜武库"之称的著名军事家杜预的强烈反对,他引用古代兵书《司马法》中的话,告诫晋武帝:"天下虽安,忘战必危",不能因吴国的灭亡而高枕无忧。同时,杜预在自己所镇守的襄阳地区采取了一系列措施以强兵富民。一是勤于讲武，兴建学堂，结果江汉一带，广被德化；二是打败山越，交错设置驻屯军营，分别占据要害之地，使所部常备不懈，以巩固安定局势；三是利用滍水、淯水，灌溉万顷良田，刊立石标划分疆域，使土地权属有了明确的界定，这样做既有利于国家也有利于百姓，民众都依赖这些水利工程，因此尊称他为"杜父"；四是开凿杨口水路。过去的旧水道只有从沔汉到江陵长达千余里，往北再无水路可通。另外，巴丘湖是沅江、湘江的交汇之处，四周被山川环绕，地势十分险固，是荆蛮人所依恃的险阻。杜预开凿杨口，从夏水到巴陵一千多里，对内泄导了长江之险，对外开通了零陵、桂阳的漕运。由于杜预致力强兵富民，所以南方之人歌颂他说："后世无叛由杜翁，孰识智名与勇功。"（《晋书·杜预传》）

遗憾的是杜预的这些做法并没有唤醒安于表面繁荣的晋武帝。杜预死后，晋军上下武备废弛，马放南山，刀枪入库，给内外敌人以可乘之机。不久之后便出现长达16年的八王之乱，直接导致西晋亡国以及近三百年的天下大乱。事实证明，作者所说的"若乃居安而不思危，寇至而不知惧，此谓燕巢于幕，鱼游于鼎，亡不俟夕矣"，的确是历史的规律。

从反面指出忽略战备的恶果之后，作者接连引用《左传》中的三段话："不备不虞，不可以师。"又曰："豫备无虞，古之善政"。又曰："蜂虿尚有毒，而况国乎？"意在说明三个观点：一是国家不加强防备，军队没有做好战备，不可以出兵。二是凡事预先做好充分的准备，临事才会无忧无患，这是自古以来的善政。三是平时战备不能流于形式，而是要像蜂虿以毒刺防备侵犯那样，切实准备强大的军事实力和强有力的撒手锏。

作者最后得出结论：如果做不到上述三方面的战争准备，

即使有百万之众也难保国家安全，更难以赢得胜利。所以，三军将士在出征之前，一定要做好充分的战争准备。

当今世界面临着诸多不稳定因素与挑战。在全球范围内，不同地区都出现了紧张局势和冲突，包括一些地区的军事对抗及领土争端。同时，现代战争的形态已发生深刻变化，展现出新的特点：一是行动迅速，能短时间内对敌方造成重大影响；二是作战方式多元，涉及政治、经济、外交、舆论和网络等多个领域；三是影响广泛，不仅针对军事目标，也波及到对方的政治、经济核心领域，这使得战争成为全社会共同面对的问题，而非仅仅是军队的责任。在这种复杂的战争环境下，任何冲突都可能迅速升级，因此，保持高度的警觉性、进行充分的战争准备以及拥有强大的防御能力显得尤为重要。不言而喻，"国之大务，莫先于戒备"的忠告有非常强的现实意义，因此平时加强全民国防教育，切实加强战场建设和作战准备，实乃治国安邦的"大务"。

对于非战争领域的人们来说，本篇核心观点同样具有深远的借鉴意义。无论是经营企业、参与竞赛，还是面临重大事情时，都不能临时抱佛脚，匆忙上阵，而应始终"莫先于戒备"。在"戒备"的过程中既不能投机取巧，玩花架子，也不能盲目追求全面而无轻重主次，关键在于要有实力，有特色，有一招制胜的绝技。

（十八）习练：训练部队的重要性及主要方法

【原文】

夫军无习练，百不当一；习而用之，一可当百。故仲尼曰：

"不教而战,是谓弃之。"又曰:"善人教民七年,亦可以即戎矣。"然则即戎之不可不教,教之以礼义,诲之以忠信,诫之以典刑,威之以赏罚,故人知劝。然后习之,或陈而分之,坐而起之,行而止之,走而却之,别而合之,散而聚之。一人可教十人,十人可教百人,百人可教千人,千人可教万人,可教三军,然后教练而敌可胜矣。

【译文】

如果军队士兵得不到应有的教育和训练,那么一百名士兵也抵不上敌人的一个士兵;如果军队士兵受到了应有的教育和训练,那么一名士兵就可抵挡百名敌人的进攻。所以孔子说:"百姓没有受到教育和训练就去参加战斗,这是让他们去送死。""让贤德的人用七年的时间来教育和训练百姓,他们马上可以投入战斗,并且个个都勇猛善战!"这就是说想让百姓投入战斗,在出征之前不能不对他们进行教育和训练,训练时,应用礼义来教导他们,用忠信来劝勉他们,用典刑来告诫他们,用赏罚来威慑他们,使他们自觉上进。然后进行基本技能训练,包括队列变换、坐立行走、行进停止、进退有序以及集散自如等,使他们能整齐划一、井然有序。像这样一教十,十教百,百教千,千教万,就可以使整个三军受到训练,最后再让将士接受战术训练就可以在战场上打败敌人了。

【新解】

本篇专题研究军队训练问题,依次论述了训练的重要性、主要内容和基本方法。作者先指出:"军无习练,百不当一;习而用之,一可当百",从正反两方面凸显出训练的重要性,充分说明训练出战斗力、训练是力量的倍增器的道理。紧接着引用孔子的话强调："不教而战，是谓弃之。"以近乎严厉的语气批评那些不注重军事训练而匆忙驱军作战的人，指出这种做法无异于故意摒弃官兵的性命，可谓不仁不义之至，绝不可能赢得战争的胜利。而真正善于打仗的将领无不高度注重军事训练，"教民七年，亦可以即戎矣"。

在中国古代战将中，戚继光以善于练兵而著称。他的练兵思想的一个突出特点，就是反对"玩花架子"。他强调，无论是日常的武艺练习、技艺比拼，还是技能考核，都必须紧密围绕实战需求展开。戚家军的训练模式，摒弃了华而不实的表演性动作，转而专注于模拟实战情境，确保每项训练内容都与战场应用直接相关。戚继光秉持的原则简明扼要：战时所需，即平日所练；战时如何作战，平日便如何演练。在《练兵实纪》中，戚继光批判了过往军队训练中普遍存在的空洞形式主义，认为"教兵之法，美观则不实用，实用则不美观"，指出那些仅供观赏的武艺表演和脱离实际的操演，在真正的战场上毫无用处。他坚信，战场上克敌制胜依靠的是真功夫，"若是平日教场所操练，金鼓号令，行伍营阵，器技手艺，一一都是临阵一般，件件都是对大敌实用之物，便学一日有一日受用，学一件有一件助胆，所谓'艺高人胆大'也。"为了激励士兵，戚继光常告诫他们，战场上的生存之道在于能够有效杀伤敌人，而要实现这一目标，就必须通过刻苦训练和不断学习武艺来达成。这些思想观点，与本篇所强调的主张一脉相承。正是在这些思想指导下，戚家军战斗力大为提升，在与倭寇作战过程中，常常令倭寇闻风丧胆。

军事训练是一项系统工程，而不是一两个简单动作。所以，作者接着又指出了军事训练的两大重点。一是练心，即"教之以礼义，诲之以忠信，诫之以典刑，威之以赏罚"，从礼仪、信义、法度、赏罚等方面教育训练部队，官兵们才能做到思想和行动的一致，作战时才能令行禁止，默契协同。二是练技，即"陈而分之，坐而起之，行而止之，走而却之，别而合之，散而聚之"，这些都是作战中的基本动作，是各种阵形协调一致的基础，只有平时训练达到非常熟练的程度，作战时才能进退自如，攻守灵活。戚继光练兵也基本围绕这两个核心展开。他首先用保家卫国的思想教育官兵，让他们牢记是为解除百姓祸患而战。同时严明军纪、严格赏罚。然后，针对招募的义乌兵虽勇猛却缺乏军事素养的特点，戚继光首先将他们整编成队，确立了从十二人一队到由把总率领的层级结构。随后，进行严格的"号令"训练，要求士兵熟记各种号令。最后，他注重武艺训练，要求每位士兵都具备真才实学。为此，戚继光特别编纂了《纪效新书》，该书文字浅显易懂，配以生动的插图，作为训练教材分发给士兵，鼓励识字者朗读讲解，确保人人掌握，背诵不出者将受罚，整个军营因此学习氛围浓郁。总体来看，戚继光的练兵策略遵循了"先立纪律，后习战术；先强单兵，后练协同"的原则，步步为营，稳扎稳打，不急于求成。与本篇思想不谋而合。

在古代冷兵器作战中，传统的作战方式是采用方阵集团进行战斗，这种方式不仅强调个体的武功，而且注重整体的战斗力。所以本篇提出的训练方法是"一人可教十人，十人可教百人，百人可教千人，千人可教万人，可教三军，然后教练而敌可胜矣"。其实，这种训练方法并不是本篇作者发明的，而是古已有之。如反映姜太公军事思想的《六韬》中有专门一篇，名曰《教战》，其中有言："故教吏士，使一人学战，教成，合之十人；十人学战，教成，合之百人；百人学战，教成，合之千人；千人学战，教成，合之万人；万人学战，教成，合之三军之众；大战之法，教成，合之百万之众。"战国时期兵书《尉缭子·勒卒令》也说："百人而教战，教成合之千人，千人教成，合之万人；万人教成，会之三军。"战国时期名将吴起也有相似说法："一人学战，教成十人；十人学战，教成百人；百人学战，教成千人；千人学战，教成万人；万人学战，教成三军。"（《吴子·治兵》）据《唐李问对·卷中》记载，初唐大将李靖也是采用这种训练方法，"臣尝教士，分为三等。必先结伍法，伍法既成，授之军校，此一等也。军校之法，以一为十，以十为百，此一等也。授之裨将，裨将乃总诸校之队，聚为陈图，此一等也。大将军察此三等之教，于是大阅，稽考制度，分别奇正，誓众行罚。"显而易见，这种递进式群众练兵法有着悠久的历史，其核心是先训练骨干，再由骨干训练众人，以点带面，逐步扩大，最终练成三军。

　　现代战争几乎开战就是决战，战争胜负在很大程度上取决于军队日常训练的作战效能。因此，在当今时代军事训练比以往任何时候都更为重要。从这个意义上来看，本篇所提出的一系列思想都有着很强的现实指导意义。然而，毕竟时代不同了，战争形态也发生了变化，本篇所提出的训练方法已经远远满足不了现实的需要。在现代条件下，组织部队训练，不仅要求训练场地具有高度的仿真性，模拟出与未来战场近似的地形、海域、空域和战场设施、指挥控制环境，而且在训练方式上，更强调实兵、实装和实弹训练，以及各兵种的协同训练、合成训练、联合训练。军队的训练水平和指挥员的指挥能力，最终都将在合成训练中得以体现和检验。所以，现代军事训练主要聚焦于"合成"。这种训练方式无论是难度还是复杂程度都远远超过了本篇所提到的"一教十，十教百，百教千"式的训练方法。

这一训练理念，在某种程度上，也与规模较大的生产制造型企业或大规模服务型集团的人才培养策略不谋而合。在企业中，骨干和员工同样需要经过系统的培训，以培养出敬业精神、良好的服务态度以及精湛的工作技能。如果企业吝于投入培训经费，急于让骨干与员工仓促上岗，很可能会因细节处理不当而失去客户，甚至损害企业形象。因此，通过分层次、分批次的培训计划，逐步提升员工的综合素质，对于企业来说同样至关重要。这样的培训方式，不仅有助于提升员工的个人能力，更有助于塑造企业的整体形象和提升企业竞争力。

（十九）军蠹：行军作战时应避免的九大禁忌

【原文】

夫三军之行，有探候不审，烽火失度；后期犯令，不应时机，阻乱师徒；乍前乍后，不合金鼓；上不恤下，削敛无度；营私徇己，不恤饥寒；非言妖辞，妄陈祸福；无事喧杂，惊惑将吏；勇不受制，专而陵上；侵竭府库，擅给其财。此九者，三军之蠹[①]，有之必败也。

【注释】

①蠹：蛀虫。引申为侵蚀或消耗国家财富的人或事。

一、《将苑》卷一逻辑思路及经典谋略

【译文】

军队行动时,有几种情况可以直接导致全军崩溃:对敌情的侦察不仔细、不准确,在消息的反馈上不按规定进行,与实情不符;不遵守命令,贻误战机,使整个军事行动受阻;不服从指挥,不听候调度;将官不体贴下级,只知一味地聚敛搜刮;营私舞弊,不关心下级将士的生活;迷信诽谤之辞、神鬼怪兆,胡乱猜测吉凶祸福,扰乱军心;士兵不守秩序,喧哗吵闹,扰乱将帅的决策和执行;专横跋扈,犯上作乱;侵占国家财物,无所不为。这九种情况,是军队的蛀虫,军队有了这些人和事,必败无疑。

【新解】

本篇专门论述用兵的九项大忌。作者以"蠹"作比喻,十分形象准确地说明了其危害。"蠹"是一种蛀虫,它悄无声息地从内部侵蚀书籍、衣物、木材等,最终导致物体的损毁。作者把用兵中九种错误比作军中之"蠹",说明这是毁灭一支军队的内部因素,实在引人深思,值得重视。历史上因为犯了这九项大忌中的一项或数项而导致失败,甚至全军覆没的事例,数不胜数。曾经骁勇善战的清军八旗兵最终自毁长城就是典型的一例。

清军入关的时候,八旗兵大抵是能骑善射、勇于征战的。但是,随着晚清政治的日趋腐朽,八旗兵也逐渐腐败,在战场上常常一触即溃。除了封建政治腐朽这一根本原因之外,八旗兵享有的特殊优待,也直接加速了其衰败进程。

清军入关以后,八旗兵作为开国功臣享有全面的优厚待遇。为了维持八旗成员特殊的政治、经济地位,清廷将八旗兵及其家属全都供养起来,给他们授予官职、爵位,让他们享有土地、人丁等多种特权，确保他们过着上等社会的生活。同时，这一系列特殊的优待政策，也使得"从严治军"的信条在他们身上无法真正实行。事实上，八旗兵在社会上惹是生非、打架斗殴、作奸犯科，久已成为京城和各八旗军驻地的一项公害，各级旗营军官总是曲加庇护，地方官吏也很少敢出面拿问，致使八旗兵的气焰愈加嚣张。八旗军的训练，大都是虚应故事。平时射箭拉弓的训练，沦为徒具形式的表面文章，就连三年一次的大阅兵，也只是临时稍作演习，过后即置而不问。负责监督军训的御史大臣们虽心知肚明，却仍然层层欺瞒，不愿意说出真相。一次，某王爷奉命阅操。有一名步军校迟到，按例要受到鞭打的处罚。执刑人解开他的衣服，却发现一大堆小古董从其身上掉下来。王爷问是怎么回事。步军校哭着回答说，家中有人10口，每月只有5两俸银，吃不饱饭，只好从古董店里领一些小古董到集市上贩卖以养家糊口。那天早上正逢隆福寺庙会，所以上操迟到了。最后连王爷也只好将他放了不加责罚。乾隆、嘉庆皇帝对八旗军内部隐瞒真相、姑息迁就的情形并非毫无所知，也曾多次批评八旗兵和监察御史。但他们除了在口头上提倡"鞍马骑射功夫"外，并没有采取什么有效措施来改变这一局面。相反，他们不断降低军官和士兵的军事技能考核标准。如自乾隆后，各旗挑选马甲时不再校阅骑射功夫，只是将备选之人传至衙门，令其拉弓，即行选取。这些看似方便考生的做法，实际上是姑息了仅把当兵作为谋生手段的八旗子弟，纵容了旗人不习武艺、整日游荡的风气。这么一支长期养尊处优的军队，能不败吗？

对照本篇提出的"九蠹"之说，在八旗兵由盛转衰的过程中，这些情况悉数出现，导致军纪松弛、军风颓靡，战斗力也一落千丈。由此可见,"九蠹"之论精准击中了治军的关键环节,切不可等闲视之。

在新的历史条件下,军队治理与管理工作也务必高度重视防止这"九蠹"。通常承平日久,便容易滋生"上不恤下,削敛无度""营私徇己,不恤饥寒""勇不受制,专而陵上""侵竭府库,擅给其财"等腐败现象,加之当前信息传播能力的空前增强,这些不良行为和个体对官兵的军心士气,以及整个部队的战斗作风,都具有巨大的杀伤力。幸而党中央自从2013年开始全面整顿作风、严惩腐败,才有效地遏制了军中腐败现象的蔓延,恢复了我军优良传统和作风。否则,"九蠹"持续恶化,我军势必重蹈八旗兵的覆辙。

西周商人白圭曾提出"治产如治兵"的思想,这是很有道理的。当企业规模逐渐扩大,支撑企业持续发展的就不仅仅是资金和技术了,管理上升为至关重要的因素,多少著名企业最终败在管理的"九蠹"上。对军队而言,管理出战斗力;对企业来说,管理出效益。管理是企业的软实力之所在。

在管理实践中,企业领导者要善于两手并用。一手抓制度建设和文化培养,另一手则是抓制度落实和作风养成。不妨经常以诸葛亮所说的"九蠹"对照检查企业组织的各个层面,及时发现并坚决清除可能出现的"蠹虫",以防止其侵蚀整个企业的健康肌体。

(二十)腹心:主将必须依赖的三种骨干力量

【原文】

夫为将者,必有腹心、耳目、爪牙。无腹心者,如人夜行,无所措手足；无耳目者，如冥然而居，不知运动；无爪牙者，如饥人食毒物，无不死矣。故善将者，必有博闻多智者为腹心，沉审谨密者为耳目，勇悍善敌者为爪牙。

【译文】

身为将领，应该有秘密咨商事情的人作为自己的心腹，有善于侦察消息通风报信的人作为自己的耳目，有坚决贯彻命令的干将作为自己的羽翼。没有心腹之人，就好比人在黑夜中走路，双脚不知该迈向何处；没有耳目之人，就好比盲人生活在黑暗中，不知道如何活动；没有爪牙之人，就好似一个人饥不择食，吃了有毒的食物，中毒身亡。所以，明智的将帅，一定要选用学识渊博、足智多谋的人做自己的心腹，要选用机智聪明、谨慎周密、有很强判断力的人做自己的耳目，还要选择勇敢、彪悍、英勇善战的勇士做自己的爪牙。

【新解】

本篇精辟地论述了将领统军作战必须依赖的三种骨干力量。作者用形象的比喻，多方论证：统军作战过程中主将必须有足智多谋的人作"腹心"，必须有能及时报告情况的人作"耳目"，以及坚决执行命令的人作"爪牙"，才能及时掌握全军情况，上下贯通，应付自如，统一指挥整个部队。主将无论如何智勇双全，其能力总是有限的，远不及集体的智慧和众人的力量。所以，本篇核心强调的是主将要善于发现各有特长的人才，并且要善于用其所长，形成一个好汉众人帮的态势，避免刚愎自用或孤军作战。这一思想与《六韬》中《王翼》篇的主题十分相似。

战国时期，由于参战军队数量大增，兵种增多，战场辽阔，持续时间长，在客观上不可能像春秋时期那样由主将一人和少数助手就可指挥全军作战。与此相适应，将帅之间开始出现明确的分工，各自承担起特定的职责。因此《六韬·王翼》提出："凡举兵帅师，以将为命，命在通达，不守一术，因能授职，各取所长，随时变化，以为纪纲。"意思是说主将是掌握全军命运的人，他的职责重在掌握全部情况，而不在于专精一项业务或技术。因此，他应该有一些各具专长的助手，以协助他处理各种专门业务。用现代军事术语来说，就是应该建立一个参谋部。

据考证，西方最早类似参谋部的指挥机构是普鲁士在18世纪设立的"军需总监部"，腓特烈大帝（1712年—1786年）实际就是普鲁士军队的统帅兼参谋长。1796年，法国人路易斯·亚历山大·贝尔蒂埃被拿破仑委任为意大利军团参谋长，使参谋部组织得到进一步的发展和完善。但是翻一翻《六韬·王翼》就不难发现，实际上姜太公提出的"股肱羽翼七十二人"的机制，已经具备了参谋部的架构和职能。这是我国军事史上最早明文规定的参谋部组织法，也是《六韬》的一大亮点，在世界军事史上也是现存文献中最早的创见。由此看来，参谋机构的创设构想，我国比欧洲要早了两千多年。

"王翼"，就是王者的翅膀，核心价值在于其独特而高效的助力。正如鸟儿失去翅膀便归于平凡，唯有振翅高飞，方能遨游九天，成就非凡。同理，一位才智过人的将帅，尽管其个人能力出众，但亦有其力所不及之处。若有谋士和各种专门人才辅佐，则可以在战争舞台上做出惊天动地的伟业。基于这个思想，姜太公认为，主将首先必须有一个值得充分信任的心腹，而且只能是一个，以确保在关键时刻迅速做出决策，避免因意见分歧而贻误战机。但是，辅助的谋士则越多越好，如此才能集思广益，增强决策的全面性。据此，姜太公精心构建了军队的指挥体系，将其人员分为十八大类，七十二人。具体是：腹心一人，负责参赞谋略，总揽大计，类似于现在的参谋长；谋士、权士、兵法、奋威共二十一人，类似于现在的作战参谋包括人事参谋；股肱、地利、伏旗鼓、天文共十三人，类似于现在的特种作战参谋；耳目、游士共十五人，类似于现在的情报参谋；方士、通粮、法算共八人，类似于现在的后勤参谋；通才、羽翼、爪牙、术士共十四人，类似于现在的联络及宣传工作人员。这个编制体制既突出重点，又兼顾各方需求、集约性强，能够保障有效的辅助指挥决策，在冷兵器时代是一个相当科学合理的参谋组织架构。

楚汉相争时，项羽虽然勇猛剽悍无比，几乎无人能敌，但是他作为统帅，没有战略眼光，而且刚愎自用，不懂得识人用兵，使原有的各种人才纷纷弃他而走，手下仅有一个范增也不能用好。反观刘邦这一方，则是人才济济，萧何、张良、韩信、陈平等多一众英杰汇聚。虽然刘邦此人文不如萧何，武不如韩信，谋不如张良，但是他有战略眼光，更重要的是他能纳人、容人、用人，这就形成了一个精英云集、共图大业的团队，即一个好的司令和司令部。所以刘邦最后能够战胜项羽，夺取天下。刘邦与项羽的鲜明对比，充分说明，个人能力再强，也难以超越一个精诚合作的人才群体所汇聚的力量。

由此可知，《王翼》也好，《腹心》也罢，探讨的都是一种领导艺术。两者均强调了一个原则，那就是领导者不要刚愎自用，而要善于延揽特长各异的人才，并充分发挥他们各自的才能，形成整体合力，才能干出一番大业。需要指出的是，"腹心、耳目、爪牙"都是比喻词，旨在突出各类人才的不同优势，并非指领导者与下属间的人身依附关系，更不是提倡搞小团伙。自古以来，搞小团伙的人，必然任人唯亲，而不是任人唯贤，势必渐渐疏远众人，被小团伙利益绑架，最终自绝于大众。近些年反腐败斗争中打掉的某些军队"老虎"，就是栽在这个问题上。这些"老虎"凭借自己的权威长期在身边豢养着一帮亲信，在亲信的阿谀奉承中享受着"土皇帝"般的权威和荣耀，凡事独断专行，说一不二。貌似很有权威，颇为气派，实则脱离了群众，凌驾于组织之上。同时，其亲信们表面上唯"老板"马首是瞻，实则狐假虎威，暗地里打着"老板"的旗号为所欲为，干着牟取私利、出卖"老板"的勾当。最终"老板"与"亲信"共同腐败，共同受到严惩。其中的教训极为深刻，值得人们引以为戒。

（二十一）谨候：统军作战必须谨记十五条戒律

【原文】

夫败军丧师，未有不因轻敌而致祸者，故师出以律，失律则凶。律有十五焉，一曰虑，间谍明也；二曰诘，谇候谨也；三曰勇，敌众不挠也；四曰廉，见利思义也；五曰平，赏罚均也；六曰忍，善含耻也；七曰宽，能容众也；八曰信，重然诺也；九曰敬，礼贤能也；十曰明，不纳谗也；十一曰谨，不违礼也；十二曰仁，善养士卒也；十三曰忠，以身徇国也；十四曰分，知止足也；十五曰谋，自料知他也。

【译文】

凡是将领领兵出师不利，都是因为轻视敌军而产生的后果，所以军队在出师时要严守纪律，详细考虑各种细节，按战争规律行事，否则的话就会招致灭亡。这些应该注意的作战规则有十五项：一是虑，要仔细地考虑、谋划，探明敌人的所有情况；二是诘，盘问、追查，搜集敌人情报，并仔细判断情报的真假；三是勇，见敌人强大而不屈服；四是廉，不为眼前小利所诱惑，以义为重；五是平，赏罚公正，公平合理；六是忍，善于忍辱负重；七是宽，宽厚，宽宏大量，能包容他人；八是信，忠信、诚实，遵守诺言；九是敬，对有才德的人以礼相待；十是明，明白是非，不听信谗言；十一是谨，严谨、慎重，不违礼不悖法；十二是仁，仁爱，善于教化士兵；十三是忠，忠诚报国，为了国家的利益，赴汤蹈火也在所不辞；十四是分，行为有分寸，守本分，做事情量力而行；十五是谋，足智多谋，能知己知彼。

【新解】

本篇着重论述将领统军作战必须严格遵守的一系列纪律。作者首先提出"败军丧师，未有不因轻敌而致祸者"，一语道破古往今来战争失败的共性原因，那就是"轻敌"。尽管每位将领在主观上都力求避免轻敌，但客观上却常因忽视或违背作战的基本规律而陷入轻敌的误区。所以，作者进一步强调："师出以律，失律则凶。"这句话原出自《易经》第七卦初六爻辞："师出以律，否臧凶。"《象辞》解释说："师出以律，失律凶也。"清楚地告诉人们，整军出战全凭纪律，失去纪律的约束就会带来凶险。这种凶险的根源往往就在于"轻敌"。如何避免败军丧师的凶险？鉴于"失律则凶"，作者的基本主张是"守律"，提醒将领们要遵守一系列战场戒律。基于这一主张，作者详细陈述了统军作战必须遵循的十五条戒律。这十五条戒律涉及战前的谋略策划和情报侦察，战中的勇敢作战和灵活变化，更多的是有关治军带兵的方法，概括起来，就是兵法常说的"仁、义、礼、智、勇、严、忠、信"等项，这些是造就和统领一支无敌之师的关键。任何一位想要有所作为的将领，必须遵循这些纪律，才能避免轻敌，远离凶险，从而带好兵，打胜仗。

西汉名将李广，素有"飞将军"的美称，曾经也是战功赫赫，但至死也没有封侯。唐朝诗人王勃在《滕王阁序》中为李广惋惜："时运不齐，命途多舛；冯唐易老，李广难封。"诗人借古抒怀，往往并不拘泥于历史细节的真实性。然而，如果我们深入探究历史，便不难发现，李广难以封侯的原因，除了时运不济外，更重要的还在于他在统军作战过程中屡屡"失律"。

李广无法封侯的直接原因是跟随大将军卫青出征时，卫青让他从侧路进攻，岂料他带领队伍迷了路，没有及时和卫青主力部队会合，以致让单于逃脱。卫青责怪了几句，李广感到一阵悲凉，哀叹道："广结发与匈奴大小七十余战，今幸从大将军出接单于兵，而大将军徙广部，行回远而又迷失道，岂非天哉！且广年六十余矣，终不能复对刀笔之吏。"然后引刀自刎，失去了最后一次封侯机会。人们对这一悲剧性的结局深感同情和惋惜。其实，深究起来，李广治军不力也是导致他悲剧的重要原因。宋代司马光在《资治通鉴》中说："（李广）治众而不用法，无不凶也。李广之将，使人人自便，以广之材如此焉，可也，然不可以为法。""效李广，鲜不覆亡哉。"也就是说，李广治军不用法纪，这样是非常危险的。李广作为将军，手下的士兵都是随随便便的，目无法纪。李广是靠着艺高人胆大，而非"间谍明""谇候谨"，虽然赢得过多次作战的胜利，但还是难免悲剧收场。"使人人自便"，是李广治军的致命弱点。在小规模战斗中，这种弱点或许尚不明显，但在大规模军事行动中，其弊端便暴露无遗。明代末年的进士、抗清义士黄淳耀对这一点的分析更为深刻："以百骑御匈奴数千骑，射杀其将，解鞍纵卧，此固裨将之器也。若夫堂堂固阵，正正之旗，进如风雨，退如山岳，广岂足以乎此哉？"李广的个人武功和箭法是他人无法比拟的，打遭遇战或小规模战斗他凭着机勇过人或猛打猛冲是可以的，但若打堂堂之阵的大战役，对于平时就不注重严格纪律的部队来说，其整体协调性，尤其是远程奔袭的能力，就显得尤为不足。李广的悲剧，尽管有很多方面的原因，但他在治军上"使人人自便"的做法，不能不说是一个重大失误。

　　李广不仅对士兵较小约束，连幕府文书的处理也极为简化。这样虽然为官兵个人提供了便利，却导致了军队整体纪律散漫。从考古出土的西汉幕府文书中，我们可以了解到当时军营日志的记载非常详尽，要求记录每个士兵的姓名、相貌特征，以及每日生病人员、病情、用药情况，甚至岗位替换的具体时间和人员等，其细致程度几乎如同一部实时监控录像，确保任何事情都能追溯到具体的时间和个人。然而，李广却认为这些文书烦琐，不愿详细记录，直接导致了一些关键信息的缺失，使得军队在应对突发情况时显得无所适从。这些做法，显然违背了"谨"的要求。李广这位在草原上与匈奴打了一辈仗的老将军之所以最后一仗竟然"失道"，迷失了方向，恐怕还是源自"失律"。

　　李广的悲剧警示世人，领导者能力再强，也不能恃才自傲，要个人英勇主义的威风，而要从多方面提升自己谋略策划、指挥作战、治军带兵的能力和方法，并形成良好的习惯。在统领组织或团队的过程中领导者需遵循"仁、义、礼、智、勇、严、忠、信"等信条，从而避免自傲轻敌，远离各种"凶险"。

（二十二）机形：善战者尚智取，"因机而立胜"

【原文】

夫以愚克智，逆也；以智克愚，顺也；以智克智，机也。其道有三：一曰事，二曰势，三曰情。事机作而不能应，非智也；势机动而不能制，非贤也；情机发而不能行，非勇也。善将者，必因机而立胜。

【译文】

大凡愚笨的人战胜聪明的人，是违反常理的偶然事件；聪明的人战胜愚笨的人，则是合乎常理的必然事情；而聪明人与聪明人交战，就全看掌握战机的水平高低了。掌握战机的关键有三点：一是事件，二是态势，三是情况。当有利于自己的事件发生时，不能做出相应的反应，是不明智的表现；当态势发生了有利的变化时，而不能充分利用，不能算得贤明；当情况发生了有利于我的变化而不行动，不是勇敢的表现。善于做将领的人，一定要随机应变，灵活地夺取战争胜利。

【新解】

本篇名为《机形》，其中的"形"字应当与《孙子兵法·形篇》中的"形"是同一个意思。孙子所言之"形"是指军事实力的强弱状态和运用方式,本篇所说的"形"则是指战机的几种状态和运用方式。作者突出强调的"因机而立胜"思想,也就是要求顺应形势,把握战机,灵活地夺取战争胜利。这是为将之人应有的战略素养。统军作战贵在赢得主动,一旦赢得了主动,往往就能赢得胜利。而若想在战争中赢得主动,离不开对作战时机的准确把握。战争中,情况瞬息万变,成败往往就在分秒间,指挥全军的将领,如不能审时度势,捕捉战机,及时用兵,不仅不能消灭敌人,反而会因为错失良机而导致战败。这就要求将领既要具备敏锐的目光,善于发现和捕捉战机,又要具备非凡的胆量,敢于决断,敢于行动,敢于承担责任。在解放军历史上,被毛泽东称"王疯子"的王近山就是这样一位有勇有谋的将军。

1943年10月,129师386旅旅长王近山奉党中央命令,率领386旅的16团护送部分机关干部及中央的部分干部家属赶赴延安,扩编新的保安部队,保卫陕甘宁边区。临出发前,太岳纵队司令员兼太岳军区司令员陈赓特别要求王近山,抓紧赶路,尽量不要在半路上求战。

10月20日,王近山率部从长子县横水村出发,穿过临屯公路朝延安方向悄悄进发。部队经过韩略村时,王近山发现这里距离临屯公路很近,日军在公路上运输相当频繁。虽然韩略村东侧建有日军的炮楼,驻守着一个小队的兵力负责保护公路,但因为地处日军腹地,其戒备反而非常松懈。同时,王近山得到当地情报站情报,23日会有日军车队从村边土路经过。鉴于这些情况,王近山决定在韩略村打一次伏击战。团里有些干部担心战斗一旦爆发,会惊动日军,导致部队陷入重围难以脱身,耽误上级交代的任务。但是,王近山认准了这到手的机会,铁了心要打这一仗。

王近山将伏击地点选在距离炮楼不到500米的地方，因为在这个位置两山夹一沟，公路正好从沟底穿过，宽度仅容一辆卡车通行，两边都是好几米高的陡壁。这条长约500米的狭窄路段，非常适合伏击。为确保速战速决，王近山于23日下午组织参战的团、营、连级干部，化装到韩略村附近详细侦察了地形。次日凌晨3时，参加战斗的4个连队隐蔽进入伏击区。早晨8点多钟，临汾方向公路上出现了敌人的踪迹。不多久，敌人13辆军车（包括3辆小汽车）卷着飞扬的尘土进入了伏击圈。16团的战士们迅速发起攻击，以手榴弹、掷弹筒向敌人开火。爆炸声中，燃烧弹击中了敌军队倒数第二辆车，堵死了车队的退路。从末尾车上冲下来的十多名日军，当即被密集的子弹击毙。领头的汽车急速向前猛冲，被9连拦住去路。这时，敌车队前后都被卡住。4、5连的战士们如猛虎下山，冲上公路，与敌人展开了白刃战。在3个多小时的反复拼杀中，100多名日军几乎全部被歼，只有钻进一个小窑洞的3个敌人漏网。这里距离临汾日军师团部很近，500米外还有日军的炮楼。在王近山的精心布置下，他的团2个营的兵力负责阻击，同时一个连包围了韩略村炮楼，使得日军在整个战斗过程中未能派出一兵一卒进行增援。

王近山和他的部下当时怎么也没想到，他们伏击的竟然是日军的"战地参观团"，其中包括一名少将旅团长和6名联队长，其余全部是中队长以上军官。

此战虽然违反了"抓紧赶路，尽量不要在半路上求战"的命令，但是陈赓还是高度评价说："这比在战场上打死5万日本兵的意义还大！"毛泽东也曾评价说："129师有个'王疯子'，敢打没有命令的仗,很好!"

显然,毛泽东称赞王近山为"王疯子",并不是指他行事鲁莽或无知妄为,而是赞赏他"情机发而立行""因机而立胜"。

今天我们打的是信息化战争,其特点是战争一触即发,发现目标即刻摧毁。这对指挥员把握战机的能力提出了新要求。变化多端的战局、稍纵即逝的战机客观上要求指挥员具备敏锐的头脑和果敢的胆量。一旦发现有利战机,不坐等指示,不犹豫再三,而是当机立断、果断亮剑,才有可能掌握战争的主导权,真正做到"因机而立胜"。

现代商场竞争也是"以智克智"的高手博弈,各方竞争者都在紧盯着市场、紧盯着商机。能否胜出的关键也在于是否第一时间把握"机形"。军队是令行禁止的战斗单位,尚且要求"因机而立胜",相比之下,企业更具有灵活性,更需要"因机而立胜"。毫无疑问,上述对将领的要求,同样适用于企业领导者。

(二十三)重刑:三军勇往直前,关键在"立威"

【原文】

吴起曰:鼓鼙①金铎②,所以威③耳,旌旄旗帜,所以威目,禁令刑罚,所以威心。耳威以声,不可不清;目威以容,不可不明;心威以刑,不可不严。三者不立,士可怠也。故曰,将之所麾,莫不心移;将之所指,莫不前死矣。

【注释】

①鼓鼙:大鼓和小鼓。古代军中用来发号进攻。

②铎:古乐器名。古代军中用来发号收兵。

③威：表现出来的能压服人的力量或使人敬畏的态度，比喻指挥控制。

【译文】

吴起说："军队中敲击鼙鼓、金铎的目的，在于统一士卒听觉方面的敏锐注意力，使士卒听从指挥；挥舞旗帜，在于集中士卒视觉方面的注意力；而各项法规、禁令及刑罚的目的在于管理士卒，节制士卒的行动。"在军队中，用声音引起士卒的注意，要求士卒听从指挥时，发声的器具必须音质清脆洪亮；用旗帜来指挥士兵作战时，旗帜的颜色要鲜明、醒目；用刑罚、禁令来约束士卒的行动时，执法必须公正、严明。如果做不到上述三点，军容就会紊乱，士卒就会涣散、懈怠。所以说，在指挥部队的问题上，应该达到这样的程度：只要将帅的指挥旗帜挥舞摇动，部下就会英勇前进；只要将帅的命令一下，所有的士卒就会同仇敌忾，拼死上前，勇猛冲杀。

【新解】

本篇名为《重刑》，实则讲的是树立将领权威的问题。作者一开头就引用杰出军事家吴起的话，提出"威耳、威目、威心"的见解。吴起的"三威"理论是从作战指挥的角度立言的。"鼓鼙金铎""旌麾旗帜"都是古代战场上的指挥工具。平时，通过训练使部属熟练掌握各种听觉和视觉信号，并能依据信号做出反应；战时，根据作战形势迅速决策，将清晰准确的命令传达全军，这是作战指挥的基本要求。在"威耳""威目"的基础上，还要"威心"，就是以禁令刑罚严肃军纪，以维护将帅的权威，尤其是作战指挥上的权威。

"三威"之法可谓人所共知，简便易行。问题是如何运用这些方法才能有效地"立威"。于是，作者进一步提出具体要求。首先"鼓鼙金铎"，必须音质清脆洪亮；其次"旌旄旗帜"，必须颜色鲜明、醒目；最后"禁令刑罚"，必须执法公正、严明。总之，每一个号令、每一条刑罚都要规定得明明白白，让将帅士卒有法可依，到了战场上才有可能产生"将之所麾，莫不心移；将之所指，莫不前死"的权威和效果。

作者之所以引用吴起的这一主张，恐怕与其理论和实践不无关系。诸葛亮也非常重视"三威"，尤其在"威心"方面，曾有过流传千年的故事。

蜀后主建兴六年（公元228年），诸葛亮为推进统一大业，发动了对曹魏的北伐战争。他命令赵云、邓芝为疑军，占据箕谷（今陕西汉中市北），自己亲率10万大军，突袭魏军据守的祁山（今甘肃）。在此次行动中，他任命参军马谡为前锋，镇守战略要地街亭（今甘肃秦安县东北）。临行前，诸葛亮再三嘱咐马谡："街亭虽小，关系重大。如果失掉街亭，我军必败。"

马谡读过不少兵书，自视颇高。到达街亭后，勘察实际地形，决定将大军部署在远离水源的街亭山上。当时，副将王平提出，将军队驻扎在山上，是个绝地，倘若被魏军切断取水之路，士兵们将不战自乱。而马谡则认为自己通晓兵法，将军队驻扎在山上，居高临下，势如破竹，且将军队置于绝境之中才能置之死地而后生。于是不顾王平再三劝阻，将大军布于山上。

司马懿得知蜀将马谡守街亭，立即率领大军将马谡部队围困于山上，然后纵火烧山。蜀军饥渴难忍，军心涣散，不战自乱。司马懿乘势发起进攻，蜀军大败。马谡失守街亭，战局骤变，迫使诸葛亮退回汉中。

街亭一战对于蜀魏双方都至关重要，对于蜀国而言，街亭失守，使整个蜀国处于危险之中。为了安抚朝野上下，同时也为了避免北伐时再次出现类似事情，诸葛亮不得不用马谡的人头来"威心"。

于是，诸葛亮下令将马谡革职入狱，斩首示众。临刑前，马谡对诸葛亮说："丞相待我亲如子，我待丞相敬如父。我罪有应得，实已难逃，只是恳望丞相能够念及舜帝杀死鲧而任用禹的大义，我即使死了，也不会有怨恨。"诸葛亮看罢，百感交集，老泪纵横，要斩掉自己曾经十分器重赏识的将领，心若刀绞。但若违背军法，免他一死，又难以"威心"，更无法实现统一天下的宏愿。于是，他强忍悲痛，让马谡放心去，自己将视其子为亲子。全军将士无不为之震惊，杀一儆百的"威心"效果由此产生。

"威耳、威目、威心"，目的都在于统一全军官兵的思想和行动。一旦官兵在主将的号令指挥下思想和行动统一起来，形成一个有机的整体，那么在作战过程中只要将帅的指挥旗帜挥舞摇动，部下就会英勇前进；只要将帅的命令一下，所有的士卒就会同仇敌忾，拼死上前，勇猛冲杀。这样的军队自然是攻无不克，战无不胜的。

著名兵书《司马法》中有言："国容不入军，军容不入国。"治国与理军虽然有许多相似之处，但是不宜完全等同。和平领域的管理，需要更多人性化的方法，比军队管理相对宽松、自由一些。然而过度的宽松和自由必然折损一个组织的凝聚力和战斗力。所以必要的时候还是需要辅以"威耳、威目、威心"等手段，树立领导者的权威，从而统一全员思想和行动。

（二十四）善将：善将者四大经，庸将者四大病

【原文】

古之善将者有四：示之以进退，故人知禁；诱之以仁义，故人知礼；重之以是非，故人知劝；决之以赏罚，故人知信。禁、礼、劝、信，师之大经也。未有纲直而目不舒也。故能战必胜，攻必取。庸将不然，退则不能止，进则不能禁，故与军同亡；无劝戒则赏罚失度，人不知信，而贤良退伏，谄顽登用，是以战必败散也。

【译文】

从古至今，善于领兵打仗的将领用兵的原则有四点：向部下讲明什么是进，什么叫退，使士卒知道什么是不应该做的；用仁、义的思想教育部下，使士卒能知书达理；告诫部下明辨是非，使士卒能互相勉励，规过劝善；严格赏罚，使士卒不敢涣散，有信用，上述四点基本的原则：禁、礼、劝、信是部队中的重要规范，如果彻底做到了这四点，就好像主要的支架已经搭好，其他的细微末节也就自然地顺展开来，有了法规，具体的内容也就明晰了，这样军队就能战必胜，攻伐时得其所需。无能的将领做不到这四点，没有规制，一旦下令撤退，士卒不听指挥，抱头鼠窜；而下令进攻时，则没有节制，步调不一，甚至纷纷逃避，怠慢拖延，全军也就难逃灭亡的下场；没有劝诫，赏罚就会失去标准，失信于士卒，则贤德之人纷纷远走，谄媚狡猾的小人得势，这样的将领带出的部队，一定会每战必败。

【新解】

本篇着重论述为将之道,从正反两方面分析了"善将"与"庸将"统军作战不同的方法和迥异的效果。作者首先分析"善将之道",将之归纳为"四大经",即禁、礼、劝、信。所谓"经",就是主线,根本性的问题。"禁",就是把进退的规定向士兵说清楚,让大家都明白军法禁令;"礼",就是用仁义诱导士兵,让大家都懂得礼节;"劝",就是用是非反复告诫士兵,让大家都积极上进;"信",就是用赏罚来决断人事,让大家知道遵守信用。孙子曾经说过,一个将领要想赢得众人拥戴,要想使全军官兵思想和行动保持一致,就得想办法做到"一民之耳目"(《孙子兵法·军争篇》)。他提出的办法是通过鸣金击鼓、舞旌摇旗等方法明确指挥号令,使战场上的部队共进共退。本篇所提出的"四大经",其目的也在于"一民之耳目",但重点关注的是管理环节,平时治军、战前动员,务必将这四个方面落实到位,其效果必定是纲直而目张,上下一致,"战必胜,攻必取"。

相反,"庸将"却完全违背"四大经",统军作战毫无章法,士兵退缩不能阻止,冒进又无法节制,所以将领与全军一同被消灭。不对士兵进行劝诫,赏罚失度,上下都不讲信用,从而使得贤良的人隐退,狡猾谄媚的小人被重用,因此作战必然溃不成军。

司马迁说过:"置将不善,一败涂地。"(《史记·高祖本纪》)历史一再证明,一旦选用了腐败无能的庸将,结局必然是,败军辱国。晚清甲午战争大败,在某种程度上来说就是庸将驱逐善将的结果。

晚清时期,清朝上下贪腐奢靡之风盛行,买卖跑要,上行下效,一些人靠财色铺路占据要职高位,打起仗来却一触即溃,甚至望风而逃。在这样的政治生态中，原为淮军普通军官的叶志超，靠镇压捻军起义得到淮军领袖李鸿章的赏识，扶摇直上成为直隶提督。然而，正是这位直隶提督，在甲午战争中率部一逃再逃，以致清军溃不成军。

　　甲午战争爆发前，清军驻守朝鲜西海岸的牙山。日军为取得朝鲜陆战的首场胜利，决定围攻牙山。由于牙山易攻难守，清军移师防守距牙山东北 25 公里的成欢。1894 年 7 月下旬，清军在成欢与日军激战，留守牙山的叶志超派 2 营支援后向北撤逃。逃跑中为了防止与日军遭遇，他选择远离汉城的朝鲜东部山区路线，历时近一个月才到达平壤。期间清军因饥疫减员严重，叶志超非但不报实情，反而向李鸿章谎报沿途多败日军，居然还得到了朝廷的奖赏，并被提升为平壤各军的总指挥。这一任命让"一军皆惊"，大大挫伤了清军的士气。叶志超担当此任后，不亲自组织侦察获取情报，反而依靠天津的电报通报决策。战场敌情不明，其战守部署自然不切实际。9 月 15 日当日军攻打平壤时，他又惊惶失措、贪生怕死，在战局胶着的情况下，竟于午后 4 时竖白旗停止抵抗，并下令全军撤退。平壤之战导致清廷失去整个朝鲜，失去了抵御日本的天然屏障，同时首战失利，打击了清廷军队的士气。日军乘胜前进，直逼鸭绿江，迅速击溃 3 万守军。随后，日军分三路向大连湾进攻，大连守将赵怀益闻风溃逃，日军不战而得大连湾。当时旅顺地区清军有七统领，道员龚照玙为前敌营务处总办，共辖 33 个营，约 13000 人。日军来犯时，龚照玙置诸军于不顾，乘鱼雷艇潜逃。11 月 19 日，黄仕林、赵怀益、卫汝成三统领也先后潜逃。21 日，日军向旅顺口发起总攻。次日，号称"东亚第一要塞"的旅顺陷于日军手中，日军在此制造了旅顺大屠杀惨案。

旅顺口失陷使日本海军在渤海湾获得重要的根据地。从此，日军不仅占领了整个朝鲜，而且控制了中国海军的重要基地，并最终消灭了号称亚洲最强大的北洋水师。北洋门户洞开，战局急转直下。尽管整个战争期间不乏邓世昌、丁汝昌、刘步蟾、林永升、黄建勋等英勇抗战的将领，但叶志超之流的"庸将"对军心士气的影响更大，是清军溃不成军的直接原因。清廷血的教训印证了本篇的观点，庸将统军作战"战必败散"。

"庸将"往往产生于腐败的土壤，避免滋生庸将的有效办法是严惩腐败。我军是共产党领导下的人民军队，决不能搞"朝里有人好做官"那一套，也决不能搞拉帮结派那一套。必须坚决反对任人唯亲，反对找关系、跑门路，反对打招呼、递条子。反对一切形式的跑官要官、买官卖官，才能让那些阿谀奉承、弄虚作假、不干实事、会跑会要的官员没有晋升的通道。必须坚持对用人失察失误严重的情况实行问责，用责任倒逼机制促进领导干部公正用权、公道用人。同时，按照"善战"要求选用干部，把优秀人才放在吃劲、要紧之处，才能形成人尽其才、才尽其用、人才辈出的生动局面。在此基础上，督促各类人才活用"四大经"的方法管理组织或团队，注重基层导向、实干导向和公认导向，才能"战必胜，攻必取"。

（二十五）审因：克敌制胜两大招：因势与扬威

【原文】

夫因人之势以伐恶，则黄帝不能与争威矣。因人之力以决胜，则汤、武不能与争功矣。若能审因而加之威胜，则万夫之雄将可图，四海之英豪受制矣。

【译文】

如能顺应人心去讨伐邪恶势力，那么黄帝也不能与他争威；如能依靠百姓的力量与敌人决胜负，那么商汤、周武王也不能与他争功。如能进一步审时度势，以威德服人，那么有万夫不当之勇的英雄也可战胜，天下的豪杰都会受他制约。

【新解】

本篇主要论述统军作战的两大艺术，一是"审因"，二是"威胜"。"审因"中的"审"，有知道、慎重之意，"因"有凭借、顺应、机会之意。两字组合起来，意为统军作战要善于利用一切有利的机会。战争中可因之机多种多样，作者着重强调了"二因"。一是顺应人心去讨伐邪恶势力，二是依靠百姓力量与敌人决胜负。一旦把人心、人力都充分调动起来，便可师出有名，天下应从，战无不胜。一个"因"字，包含的用兵艺术颇为丰富，既有利用机会之意，也有顺应趋势之意，还有随机变化之意。正因为如此，孙子将之视为"善战之道"，反复加以强调。比如《孙子兵法·作战篇》中提出："善用兵者，役不再籍，粮不三载；取用于国，因粮于敌，故军食可足也。"《孙子兵法·虚实篇》中又强调："水因地而制流，兵因敌而制胜"，"能因敌变化而取胜者，谓之神"。值得注意的是，孙子不仅强调要充分调动自己一方的民心和民力，还提倡要善于利用对方的资源，在变化中抓住对方的破绽。如果能够达到这种境界，势必使自己一方的力量倍增，对方则不断受到削弱，最终在混乱中被打败。《将苑》的作者进一步提醒人们注意，无论是因人之心，还是因人之力，都不是单纯的一加一等于二，而是要与自己的力量融合起来，形成巨大的威势，产生一加一大于二的效果。一旦"审因"与"威胜"有机地结合起来,"则万夫之雄将可图,四海之英豪受制矣"。

中国历史上首次有文字记载的经典战例"牧野之战"中,胜利的一方可谓将这两种手段运用得出神入化。

商朝末年(公元前11世纪),以纣王为首的奴隶主统治集团日益腐败,逐渐在内外矛盾交织中走向衰微。而崛起于西部地区的周族方国,在周文王和姜太公的长期努力下,已将势力伸入江、汉流域,达到"三分天下有其二"(《论语·泰伯》)的程度,奠定了灭商基础。周武王进一步与诸侯结盟,向朝歌派遣密探,加紧灭商准备,待机兴师。公元前1046年,周武王得知商纣王统治集团分崩离析,王族重臣比干被杀,箕子被囚,微子出奔,而商军主力远征东夷,朝歌空虚,于是决定"因机"率兵伐商。出征前,武王照例(商朝的习惯)叫太史对"出兵"进行占卜,兆象显示"大凶"。有些人犹豫起来,甚至主张暂停伐纣。这时,姜太公力排众议,坚定地说:"纣王剖比干心,囚禁箕子,让飞廉这样的奸臣当政,伐他有什么不可?这些枯草朽骨,怎么知道吉凶?"说罢就烧毁了龟甲、折断了蓍草。武王伐纣一路上不祥之兆频出,既有"狂风暴雨电闪雷鸣",又有"鼓旗毁折,骖乘惶震而死"等现象,武王和姜太公毫不动摇,坚持领军前行,并一一进行解释和宣传。周武王一边行进,一边吸收对商纣深为不满的诸侯队伍。

商纣王惊闻周军来袭,仓促武装大批奴隶,连同守卫国都的军队,开赴牧野迎战。初五凌晨,周军布好阵,庄严誓师,史称"牧誓"。武王在阵前历数纣王听信宠姬谗言,招诱四方罪人和逃亡奴隶,暴虐地残害百姓等罪行,说明伐纣的目的乃代天行罚,并宣布战法和纪律要求,激励战士勇猛果敢作战,营造"威势"。随后武王命姜太公率一部精兵冲击商军前阵。商军前阵纷纷倒向周军,后续部队迅速溃散。武王乘势以主力猛烈突击,商军土崩瓦解。纣王仓皇逃回朝歌,见大势已去,登鹿台自焚而死。周军占领商都,商朝灭亡。

牧野之战虽然是人所熟知的古老战例,但是每次重温都能激发新的思考,而且从史学角度研究与从兵学角度分析各有不同。史学家侧重于从中揭示"得民心者得天下"的历史规律,兵学家则侧重于分析"用民心""用民力"的制胜艺术。可以说,这一战例既很好地诠释了本篇的深刻内涵,又以史实作为参照,提示人们做人做事的艺术。无论在哪个领域,个人单凭一己之力单打独斗往往难以成事,聪明的人一定要善于"因人之心""因人之力"。通俗地说,就是要善于借势、借力。平时要协调处理好各方面的关系,关键时刻,找准与身边人的共情点,艺术地展示自己的目标与人们切身利益的关系,赢得众人的理解、支持;同时,巧妙地将众人的理解和支持转化为对自己有利的态势,形成一种众人认可之势,如牧野誓师,激发全军斗志。"审因"与"威胜"有机结合,方能心想事成,战无不胜。但值得注意的是,这两种方法主要适用于机会来临之时,或者竞争紧要关头之际,需要以足够强大的力量一战而胜。但是,在日常生活中,还是应当低调韬晦,适当隐藏自己的意图和能力,不要轻易显露"威胜"之势。

二

《将苑》卷二
逻辑思路及经典谋略

（一）兵势：善将者必因天时地利人和之势

【原文】

夫行兵之势有三焉，一曰天，二曰地，三曰人。天势者，日月清明，五星合度，彗孛①不殃，风气调和。地势者，城峻重崖，洪波千里，石门幽洞，羊肠曲沃。人势者，主圣将贤，三军由礼，士卒用命，粮甲坚备。善将者，因天之时，就地之势，依人之利，则所向者无敌，所击者万全矣。

【注释】

①彗孛：彗星。孛，古人指光芒四射的一种彗星。旧谓彗孛出现是灾祸或战争的预兆。

【译文】

行军打仗的有利态势有三个方面：一是天时，二是地利，三是人和。所谓天时，是指日月清明，金、木、水、火、土五星运行正常，没有出现彗星的灾兆，风调雨顺。所谓地利，是指城墙很高，山势陡峭，波涛千里，有石门幽洞、羊肠小径，易守难攻。所谓人和，是指君主圣明，将领贤能，全军遵循礼法，士卒服从命令，武器精良，粮草充足。好的将领，能够顺应天时，凭借地利，利用人和，就会所向无敌，战无不胜。

【新解】

本篇为下卷的第一篇，并且名为"兵势"，意味着下卷各篇主要侧重于从作战层面研究用兵之法。作者首先提出："行兵之势有三焉"。所谓"行兵"，即领兵、用兵，其中有三大要素必须高度重视，并且需灵活把握和运用。一是顺应天时，二是利用地利，三是谋求人和。一旦三者合一，综合运用，便可"所向者无敌，所击者万全"。

赤壁大战，曹操号称有80万兵马，而吴蜀联军不过数万，双方兵力相差悬殊，然而最终却是兵力不占优势的吴蜀联军大获全胜。其中的重要原因，就在于吴蜀方面非常巧妙地做到了"天时地利人和"三者结合。

建安十三年（公元208年）10月，孙权和刘备的联军在赤壁（今湖北赤壁市）同曹操的先头部队遭遇。曹军多为北方兵士，不习水战，很多人得了疾病，士气很低。两军刚一接触，曹操方面就吃了一个小败仗。曹操被迫退回长江北岸，屯军乌林（今湖北洪湖市），同联军隔江对峙。周瑜巧施苦肉计，让黄盖假意投奔曹操，并献上一计：曹军把大船小船全用铁链连接起来，可以减轻风浪对船只的影响。曹操不知是计，认为这是个渡江的好办法，于是命令工匠把战船连接起来，铺上木板。这样，船只的稳定性得到了显著提升，官兵可以在上面往来行走，如履平地，还可以在上面骑马奔驰。

殊不知，"连环战船"虽然平稳，但是目标太大，而且行动不便。所以，有人提醒曹操防备联军实施火攻。曹操却认为："凡用火攻，必借东风，方今隆冬之际，但有西北风，安有东南风耶？吾居于西北之上，彼兵皆在南岸，彼若用火，是烧自己之兵也，吾何惧哉？若是十月阳春之时，吾早已提备矣。"出乎曹操意料的是，周瑜和诸葛亮恰恰就是打算火烧连环船。

《孙子兵法》有言，火攻必须借助"风起之日"。隆冬之际的赤壁一带确实难得东南风。然而，诸葛亮长期居住在离赤壁不远的南阳（今湖北襄阳附近），谙熟赤壁一带天气气候变化规律。他凭借丰富的经验和对天气气候变化的分析，已准确地预见了出现偏东风的日期。11月的一个夜晚，赤壁果然刮起了东南风，而且风力很大。周渝派出部将黄盖带领一支火攻船队，直驶曹军水寨，假装去投降。船上装满了饱浸油脂的芦苇和干柴，外覆布幔加以伪装，船头上插着旗帜。黄盖还预先准备了轻快的小船，分别系在大船的后面，然后让大船一起前进。曹营中的官兵，听说黄盖来降，都走出来伸着脖子观望。这时黄盖"放火"号令一下，所有的战船一齐放起火来，就像一条条火龙，直向曹军水寨冲去。东南风愈刮愈猛，火借风力，风助火威，曹军水寨全部着火。"连环战船"一时又拆不开，火不但没法扑灭，而且越烧越盛，一直烧到江岸上，曹军营寨陷入一片火海之中。在烟火弥漫之中，曹操只好领着残兵败将，仓皇向华容（今湖北监利市西北）小道撤退。

　　诸葛亮借东风之说，有人经过考证认为是虚构的。但据《三国志》记载，吴蜀联军确实是以火攻的方式大破曹操的连环战船的。冬天实施火攻显然更需要借助"起风之日"。按照人们的习惯印象，隆冬的赤壁一带难有东风，但是从现代气象学的角度来看，当某一区域受到移动的闭合高气压中心影响时，风向是顺时针转变的。也就是说，当冷高压系统移向海洋，其后部往往会盛行东南风，这种风向会短暂地主导长江中下游地区的天气。由于冬季冷高压南下时移动迅速，尾随南侵的后一股冷空气很快又到。所以，东南风持续的时间很短，往往被人们忽略。诸葛亮则不然，他既通晓天文地理，又久居南阳地区，对当地及周边的气候变化规律有着深入的了解，完全有能力预测东南风出现的时间和地域，从而使得吴蜀联军将天势、地势、人势有机结合起来。

有意思的是，实战之中诸葛亮的做法比本篇提出的观点更进了一步。本篇中，作者认为："天势者，日月清明，五星合度，彗孛不殃，风气调和"。概括起来一句话就是，专挑好日子打仗。然而，古今中外的战争大多是在人们意想不到的"天候"条件下展开的。如上文中提到的牧野之战，就是在凶兆不断、狂风暴雨的日子中进行的。如果讲究"风气调和"的天候，诸葛亮也就不可能创造赤壁大捷的奇迹了。

孙子在《孙子兵法·计篇》中指出："势者，因利而制权也。"清楚地告诉人们，无论天势、地势，还是人势，并非天然形成，也不能单纯等待，而要灵活地采用相应的谋略，巧妙地利用其有利的时机或条件，或者主动地改造天、地、人的现状，从而营造有利的战场态势。本篇所说的"因天之时，就地之势，依人之利"，都应该从这个意义上理解，而不能理解为一味地等待时机成熟，或单纯地顺应、利用、依赖。

推而广之，本篇所说的思想观点，既是作战的谋略，也可以理解为做人、做事的艺术。在现代社会生活的各个领域，做人做事，必须善于获取天时、地利、人和等各种资源，得资源者得天下。但仅仅积累资源还不一定能够干成大事，更重要的在于盘活资源、改造资源、集成资源，把资源转化为实际的力量和威势，方能"所向者无敌，所击者万全矣"。

（二）胜败：导致胜与败的"七征""八兆"

【原文】

贤才居上，不肖居下，三军悦乐，士卒畏服，相议以勇斗，相望以威武，相劝以刑赏，此必胜之征也。士卒惰慢，三军数惊，下无礼信，人不畏法，相恐以敌，相语以利，相嘱以祸福，相惑以妖言，此必败之征也。

【译文】
　　贤能的人居上位，平庸的人居下位，军队关系融洽，士兵敬畏服从，相互谈论的是英勇杀敌，共同崇尚的是威武不屈，相互用赏罚勉励劝诫，这是军队必胜的征兆。士兵懒惰散漫，军队经常感到不安和恐惧，士兵不讲礼义信用，不惧怕法律，彼此拿敌人相恐吓，在一起谈论的是私利，相互叮嘱的是个人祸福，拿妖言邪说蛊惑人心，这些都是必败的征兆。

【新解】
　　战争决策和作战指挥都不能靠主观想象，必须建立在对敌我双方情况分析判断的基础之上。本篇从正反两方面分析导致战争胜败的种种征兆，为将领正确决策和灵活指挥提供重要的依据。作者首先列举了很可能导致胜利的"七征"，涉及用人公正、官兵融洽、尚武精神、奖惩机制等情况，一旦一支军队平时建设表现出这些状态，意味着在战场上必定是胜利之师。接着，作者又列举了很可能导致失败的"八兆"，同样关注的是平时教育管理训练的状态，重点观察官兵们的行为习惯、军心士气、战斗精神、诚信守法、思想情趣、迷信程度等等，如果一支部队"八兆"俱全，基本上可以预见在战场上必定是失败之军。
　　不少人曾经探讨过一个问题：19世纪末，日本一个蕞尔小国为什么胆敢发动甲午战争，主动进攻一个貌似强大的世界性大国，而且居然打赢了？用本篇的观点来分析，日本人并不是盲目冒险，而是先行侦察并识别出大清王朝的种种失败征兆之后，才大胆出手的。

18世纪下半叶，当时东西方有不少人看好中国，或者说忽悠中国，鼓吹中国即将崛起，坚信以中国之丰富物产，如能积极变革，则"成为世界最大强国，雄视东西洋，风靡四邻，当非至难之也"。但1887年，日本参谋本部却制定了所谓的《清国征讨方略》，又名《征讨清国策案》。提出了以5年为期进行战争准备，一举击败中国的侵略构想。日本为什么如此大胆？因为当时的日本，正处于产业革命高潮时期，急需对外输出商品和输出资本。既然邻居如此富裕，日本便加大了对中国的侦察和研究，出动乐善堂、玄洋社等间谍组织和人员潜入中国，加紧对中国各方面的情报搜集和渗透。深入中国的日本间谍们得出的结论与世界舆论大不一样，他们向国内报告清国的"上下腐败已达极点，纲纪松弛，官吏逞私，祖宗基业殆尽倾颓"。而中日两国"唇齿相保、辅车相依"，在列强虎视眈眈下，清国一旦不保，日本势将进退维谷。因此，日本要先发制人。此后间谍们在提供的一连串报告中，多方面对比了进攻中国的可行性。

第一个方面，日本战略目标明确而坚定，大清却沉醉于表面的天下太平之中。在日本间谍宗方小太郎眼中，中国"犹如老屋废厦加以粉饰"，金玉其外，败絮其里，不堪一击。

第二个方面，日本战争准备紧锣密鼓，磨刀霍霍，大清却毫无战备之举。早在1867年，日本明治天皇睦仁登基伊始，就蓄意向海外扩张。1871年，琉球一艘渔船遇飓风漂至中国台湾，与当地少数民族发生冲突，部分渔民被杀，为日后日本侵略瓜分中国埋下伏笔。1874年，日本以琉球是日本属邦为借口大举进攻中国台湾岛，这是近代史上日本第一次发动对中国的武装侵略。1879年，日本完全吞并了琉球王国，将其改设为冲绳县。在这些火力试探的同时，日本一直积极准备大规模战争，自1890年后，日本以国家财政收入的60%来发展海军、陆军。与日本相反，大清国认为西方人也好，日本也罢，"并不利我土地人民"，只是想在贸易上占些便宜而已，于是放松了军备意识。1891年以后，北洋水师甚至连枪炮弹药都停止购买了。显然，大清国战争准备严重不足。

第三个方面，日本做到了"上下同欲者胜"，大清国却一盘散沙。从1893年起，明治天皇决定每年从自己的宫廷经费中拨出30万元，再从文武百官的薪金中抽出十分之一，补充造船费用。日本举国上下士气高昂，以赶超中国为奋斗目标，准备进行一场以"国运相赌"的战争。相反，1894年，大清为了迎接慈禧太后的六十寿诞，把海军建设费用来修建颐和园，以供她"颐养天年"。与此同时，整个社会思想崩溃。日本间谍宗方小太郎报告说，大清王朝全民丧失信仰，社会风气江河日下，"人心腐败已达极点"，官员冒领公款、挥霍浪费甚至侵吞赈灾粮款等现象层出不穷。

第四个方面，日本军事实力逐渐强大，大清军力徒有其表。在19世纪七八十年代的中日冲突中，中方在硬实力上一直占有优势，在1890年时，北洋海军2000吨位以上的战舰有7艘，总吨位27000多吨，号称世界第八、亚洲第一；而日本海军2000吨位以上的战舰仅有5艘，总吨位17000多吨。可是，到了甲午战争前夕，日本已经建立了一支拥有63000名常备兵和23万预备兵的陆军，海军则有军舰32艘、鱼雷艇24艘，总排水量72000吨，超过了北洋海军。而北洋海军自1888年正式建军后，就再没有增添过任何舰只，舰龄渐渐老化，与日本新添的战舰相比，火力弱、射速慢、航速迟缓。

此外，对于双方的将领、经济、社会等各方面的情况，间谍们都做了深入的研究和分析，从而促使日本政府最终得出一个明确的判断：大清王朝这块肥肉可以一举吞食。于是1894年，日本假借解决朝鲜危机之名，悍然向中国发动了侵略战争，大败清军，使北洋水师全军覆没，给中国人民带来了深重的灾难。

清军败亡的事实从反面印证了一条兵家的千年古训："兵胜于朝廷。"(《尉缭子·兵谈第二》)。现代军事理论强调，战争胜负并不取决于双方交战的那一瞬间，而是取决于双方军队平时建设和战争准备的程度。本篇所言"七征""八兆"，既是判断战争胜负的参照，也是决策和指挥的依据，更是日常建军治军的"抓手"。只有平时从"七征"所涉及的要点入手，加强建设，用心培塑，"贤才居上，不肖居下，三军悦乐，士卒畏服，相议以勇斗，相望以威武，相劝以刑赏"的状态和风尚才会日益明显。一旦出现与"八兆"密切相关的现象，必须立即采取行动，绝不姑息，坚决制止，及时纠正，如此方能杜绝败军之兆。

军队管理如此，政务管理、企业管理，又何尝不是如此？

（三）假权：主将的自主权，胜负的决定权

【原文】

夫将者，人命之所县①也，成败之所系也，祸福之所倚也，而上不假之以赏罚，是犹束猿猱②之手，而责之以腾捷，胶离娄③之目，而使之辨青黄，不可得也。若赏移在权臣，罚不由主

将,人苟自利,谁怀斗心?虽伊④、吕⑤之谋,韩⑥、白⑦之功,而不能自卫也。故孙武曰:"将之出,君命有所不受。"亚夫⑧曰:"军中闻将军之命,不闻有天子之诏"。

【注释】

①县:古同"悬",系也。

②猿猱:泛指猿猴。

③离娄:上古时期神话传说中视力极好之人。黄帝游赤水之北,登昆仑之丘,丢失了玄珠,于是命离娄去寻找,因为他"能视于百步之外,见秋毫之末"。

④伊:指伊尹。名伊(一说名挚),尹是官名。传说伊尹为奴隶出身,原是有莘氏女的陪嫁厨师,负责烹饪之事,以烹饪之道讲述治国之理,被汤任用为国政,辅佐汤伐桀。

⑤吕:指吕尚。西周著名军事谋略家。姓姜,其祖封于吕,故又以吕为氏。字尚,亦字子牙。因功封于齐,史称齐太公,俗称姜太公,或曰太公望。

⑥韩:指韩信。西汉开国功臣,中国历史上杰出的军事家,与萧何、张良并列为汉初三杰。

⑦白:指白起。战国时代军事家、秦国名将,兵家代表人物。

⑧亚夫:指周亚夫。西汉时期名将、军事家,曾官至丞相。他是名将绛侯周勃的次子,历仕汉文帝、汉景帝两朝,以治军严明著称。

【译文】

作为将领,关系着民众的生死、战争的胜败和国家的祸福。

但是，如果国君不把赏罚的大权交给他，就像是捆住了猿猴的手脚，却要它迅速地跳跃攀援，粘住了离娄的眼睛，却要他分辨青黄，这都是不可能做到的。如果军中赏罚大权落到权臣手中，而不由主将决定，人们都为自己的私利打算，谁还想着去英勇作战呢？这种情况下，即使有伊尹、姜太公的智慧，有韩信、白起的功绩，也不能自保。所以孙武说："将领出兵在外，君主的有些命令可以不执行。"周亚夫也说："在军中只听将军的命令，不听皇帝的诏书。"

【新解】

本篇重点讨论将领的指挥权问题。这个问题在上卷第一篇《兵权》中已有论述，不过侧重点不同。《兵权》论述的是统兵之权，是总的指挥大权；《假权》着重论述的是临阵指挥之权，强调将领要有主动权、决断权、指挥权。作者一开头就连用三个排比句说明"知兵之将，生民之司，国家安危之主"（《孙子兵法·作战篇》）的观点，突出强调了将领至关重要的作用。接着，便从两个方面分析"制将"的严重后果。一是舍不得"假权"，将领的才智被束缚，无法根据战场实际情况灵活应变，从而增加失败的风险。"假"在这里是"授"的意思。国君不授权于将领，就如同捆住了猿猴的手脚，却要它迅速地跳跃攀援，粘住了离娄的眼睛，却要他分辨青黄，如此这般，绝不可能发挥出将领的聪明才智。二是故意"削权"，将领权威被削弱，严重影响军队的战斗力和凝聚力。国君不仅派权臣监军，而且赋予他们定夺赏罚等大事的权利，这些做法必定会削弱将领的权威。一旦将领失去权威，官兵们没有敬畏心，不服从命令，部队一盘散沙，人人都为自己的私利打算，自然不会有人想着去英勇作战。如果这两种情况叠加在一起,将领即使有伊尹、姜太公的智慧,有韩信、白起的功绩,也难以统军作战。

作者借孙子和周亚夫之口道出自己的主张,那就是要舍得向统军作战的将领"假权",这是让将领们弘扬伊尹、姜太公智慧,再创韩信、白起战功的关键所在。

在等级森严的封建时期,"将权"是个非常敏感的问题,一般人都讳莫如深,只有孙子和周亚夫敢于亮出自己的观点。

公元前512年的某一天,在伍子胥的举荐下,孙子得到觐见吴王阖闾的机会。孙子呈上兵法13篇,吴王看了几篇便被其中的谋略思想深深地吸引,不知不觉"口之称善",连声说"好""好""真好!"赞叹之余,吴王突然产生一个念头:这些兵法讲得头头是道,是否真正适合战争的实际呢?于是他对孙子说:"你的13篇,我都看过了,可以小试于训练士兵吗?"孙子自信地回答:"可以!"紧接着,阖闾又提出了一个让孙子毫无思想准备的问题:"可以试之于妇人吗?"孙子果断地回答说:"可以。"

更加出乎孙子意料的是,阖闾所说的"妇人"并非吃苦耐劳的普通妇人,而是吴宫的宫女。180名宫女在官吏的引导下来到吴宫后方供君主行猎的园林中,兴奋地等待着做战争游戏。

孙子将宫女分为左、右两队,各90人,每人配发一件长长的画戟,并指定吴王最宠爱的两个妃子分别担任左、右队队长。一切安排就绪之后,孙子向宫女们规定了前进、后退、左刺、右劈等一系列动作的方法和口令,可是当他下令操作时,一心想着做游戏的宫女们哪管那么多规定,嘻嘻哈哈,乱作一团。待宫女们止住欢笑之后,孙子首先做自我批评。他说:"刚才可能是我说得不够清楚,以致大家不熟悉动作要领和指挥号令,这是为将的过错。"接着,他又重复了几遍动作和号令,并特意告诫两位队长,要求她们带头听从号令。尔后,孙子亲自操槌击鼓,命令宫女向左方前进,宫女更加放肆地捧腹大笑起来。孙子知道,再这样下去不行,必须用武的手段整肃军纪,杀一儆百。于是,他厉声喝住左、右两队,严肃地说:"纪律约束交代不清楚,指挥号令没有再三申明,这是将领的过错。但是,当三令五申地说明纪律和号令之后,仍不执行命令,那就是队长的罪过了。"说完,下令斩左、右队长。这时,在检阅台上津津有味地观看下方演练的吴王阖闾,见孙子真要斩自己的二位爱姬,大为惊骇,急忙派人传令说:"寡人已知将军能用兵了。寡人非此二姬,食不甘味,但愿勿斩!"孙子斩钉截铁回答吴王:"臣既已受命为将,将在军,君命有所不受。"随即斩二队长,并以首级巡行示众。众宫女个个吓得面如土色,噤若寒蝉。孙子又从左、右队中各指定一个队长,再次击鼓。这时,宫女们再也不敢把孙子的命令当作儿戏了,闻鼓而动,不论向左向右、向前向后、跪倒、站起都符合号令要求。整个教场上除了威严的鼓声、整齐的步伐声之外,再也听不到嬉笑喧哗的声音,看不到左顾右盼的情景。原来娇柔百态的宫女们,一下子俨然成了军中战士了。

　　孙子之所以敢冒杀头危险,斩杀吴王爱妃,是因为吴王把战争当作儿戏,认为军纪可有可无,是无法打赢战争、治理军队的。怒斩吴王宠姬也是为了让吴王正视战争、重视军规。表面上看,孙子这一动作是严格执法,维护军规军法的权威性。实质即其所言"将之出,君命有所不受",强调赋予将领按战争客观规律、战场实际情况指挥作战的决断权和应变权。

三百多年之后，西汉名将周亚夫在领军驻扎细柳营的时候，为了严格治军，树立将领绝对权威，也曾经号令三军："军中闻将军令，不闻有天子之诏！"

需要指出的是，"假权"并非"擅权"。孙子讲"君命有所不受"并不是鼓励将领对抗违背国君的命令，恰恰相反，其实质在于获得授权，掌握决策和指挥的主动权，避免按错误的君命办事，最终目的还是为了更好地遵从君命，赢得作战胜利，从而维护国家利益，确保民众安全。

现实生活中，如何授权、放权也是颇有艺术的问题。放得太开，难以控制；管得过死，则束缚人才。这就需要领导者和团队骨干成员双向努力。领导者要有胸怀，并且充分信任下属，才能勇于授权和适度放权。优秀骨干要具备出色的专业能力，并且忠诚于组织，才不至于"擅权"。只有上下同心，才能形成强大的团队合力，共同应对各种挑战，实现组织的持续发展。

（四）哀死：将领以情带兵的四种有效方法

【原文】

古之善将者，养人如养己子。有难，则以身先之；有功，则以身后之；伤者，泣而抚之；死者，哀而葬之；饥者，舍食而食之；寒者，解衣而衣之；智者，礼而禄之；勇者，赏而劝之。将能如此，所向必捷矣。

【译文】

古代善于带兵的将领，对待部属如同对待自己的子女。有难时自己冲在前面，有功时自己退到后面；对待受伤的士兵，含泪抚慰；对待阵亡的士兵，亲自哀悼厚葬；士兵饥饿时，把自己的食物送给他们吃；士兵寒冷时，把自己的衣服脱给他们穿；对于有才能的人，以礼相待，以厚禄相用；对于勇敢的人，奖赏鼓励他们。将领能够做到这样，军队必能所向披靡。

【新解】

本篇着重论述将领以情带兵的方法。军队作为一个战斗集体，最有效的战斗力并不是依靠武器装备，也不是依靠指挥艺术，而是官兵团结一致的战斗情谊。战友情是军队大家庭的黏合剂，是部队战斗力的催化剂，更是军心斗志的强化剂。因此，自古以来明智的军事家都高度重视以情带兵问题。

《六韬·立将》篇中就曾描述了将领受命出征时的情景：国君授权将领领军出征的同时，告诫将领不要因为自己身份地位高贵而鄙视他人，不要认为自己见解独到而强加于众人，不要把一切巧辩之词当作一定正确的理论。将领须做到，士卒未坐，己不可以先坐，士卒未食，己不可以先食，不论严寒酷暑都必须和士卒同甘苦、共患难。只有这样，才能赢得全军将士的衷心拥护，使他们团结一心，拼死杀敌。其核心就是要求将领关爱士卒，以情带兵。

《孙子兵法·地形篇》更是明确提出以情带兵的观点。孙子说："视卒如婴儿，故可与之赴深溪；视卒如爱子，故可与之俱死。"一旦将领视基层官兵为新生的婴儿一样主动关心、培养，甚至视为自己最关爱的孩子，倾心爱护、教育，那么官兵们一定会感恩戴德，奔赴战场的时候必然会紧紧跟随将领冲锋陷阵，关键时刻甚至不惜牺牲生命，勇猛冲杀，战斗到生命的最后一刻。战国时期名将吴起的事迹清楚地证明了这一点。

吴起是战国时卫国人，擅长用兵。他在鲁国为将打败齐国后，因国人反映他为人品德不好，鲁国君主也因他是卫人，害怕得罪友好邻邦卫国，就疏远了他。因此，吴起来到了魏国。在魏国大臣李克的推荐下，吴起得到了魏文侯的重用，曾作为主将，率领魏军攻打秦国，拿下了秦国的5座城池。

相比赫赫战功，吴起治军能力更为后人称道。吴起治军，善于将以情带兵和从严治军很好地结合起来。他爱兵如子，在领兵作战的过程中坚持与最下级的士卒穿一样的衣服，吃一样的饭菜，行军时不骑马，亲自背着行装和军粮，宿营时从不铺设席子。在一次战斗中，有个士卒生了毒疮，吴起便亲自用嘴把毒疮里的脓血吮吸出来。这个士卒的母亲听说此事，不禁大哭起来。有人问她："吴将军对你的儿子如此关爱，亲自为他吮吸脓血，你怎么还哭了呢？"这个士卒的母亲回答："以前吴将军替他父亲吮吸过毒疮里的脓血，治好了病痛，结果他为了报答吴将军的恩情，在作战中有进无退，最终战死。现在吴将军又为我的儿子吮吸脓血，我的儿子也一定会以死相报。我不知道他又将战死在什么地方，所以禁不住哭起来。"（事见《史记·孙子吴起列传》）正是因为吴起能与士卒同甘共苦，体恤士卒疾苦，所以得到了将士爱戴，将士们都乐于随他拼死作战，从而使魏军内部关系融洽，团结一致，战斗力很强。显然，吴起能够取得辉煌的战绩，与其出色的治军带兵能力是分不开的。

作者在本篇一开头，直接继承了前人以情带兵的思想，进一步明确提出"古之善将者，养人如养己子"的观点。其中的"养"字比孙子"视卒如爱子"的"视"字更明确、更具体。尤其可贵的是，作者紧接着从四个方面提出了"养"的具体办法。一是发挥模范作用，有难时自己冲在前面，有功时自己退到后面。二是体恤官兵生死，对待受伤的士兵，含泪抚慰；对待阵亡的士兵，亲自哀悼厚葬。三是与士兵同甘共苦，士兵饥饿时，把自己的食物送给他们吃；士兵寒冷时，把自己的衣服脱给他们穿。四是公正对待人才和功臣，对于有才能的人，以礼相待，以厚禄相用；对于勇敢的人，奖赏鼓励他们。作者认为，将领能够综合运用这四种方法，所统率的军队必定能够所向披靡。

这四种方法说起来似乎很容易，但在社会日常生活中践行起来却并非易事。我们经常见到一些领导者的行为与此恰恰相反。他们遇到困难时躲得比谁都快，有功劳时抢得比谁都凶；下属生病住院、家人去世、离职退休等事一概不闻不问，却在个人生活待遇上处处寻求特殊化，享受超越常人的优待；对有才能的下属不是嫉妒，就是排挤打压，对有突出贡献的人员也不能及时奖赏和重用。简而言之，这种领导者是极端利己主义者，根本不适合担任领导之职。这种类型的"庸将"，古今不乏其人。所以，本篇一开头有明确强调，这四种方法是"善将者"的法宝。

福耀集团董事长曹德旺能白手起家打造出一个跨国企业集团，其中一个重要原因就是他坚持"爱兵如子"的经营理念。他曾经说："要爱兵如子，要像父亲对待儿女一样对待员工，从德、智、体发展全方位去关心他们，因为他们才是企业真正的财富。"曹德旺既是这样说的，也是这样做的。

2007年3月，一位名叫田军的小伙子被福耀集团录用，在钢化包装车间工作，他工作积极主动，很受领导喜爱。然而，不久后，田军上班的时候经常感觉头晕乏力，趁着"五一"假期，他去医院检查，不幸被确诊为白血病。车间主任知道田军的情况后，汇报给了经理桑总。对于这位刚刚入职2个月的员工,是否应继续承担其治疗费用,桑总也拿不定主意,便和公司其他几个高层商量这件事,最后决定向集团请示,尽量给田军提供一些帮助。曹德旺听说了这件事,告诉桑总,就是和公司无关的人也要全力救治,何况是公司的员工呢?桑总小心翼翼地提及治疗费用可能需要 70 万。曹德旺坚定地表示:"救人要紧,70 万算什么,花多少钱也得治,这个钱我来出。"幸运的是,田军妹妹和他骨髓配对成功,经过相应检查后田军做了移植手术,术后他积极配合医生的治疗,一年后康复出院。

此外,曹德旺还曾经在接受电视采访时讲过另一个发生在福耀集团的真实故事:一位员工的孩子不幸患上白血病,她悲痛欲绝,且由于已无法再生育,这个孩子对她而言意义重大。曹德旺让她不用担心,公司会竭尽全力支持她孩子的治疗,并建议她暂时放下工作,全心全意照顾孩子。随后,孩子先后在福建和北京接受了专业的治疗,并最终幸运地康复了。这次治疗所产生的费用高达 100 多万元,面对员工的深深感激,曹德旺却淡然处之,认为这是员工应得的福利,无须特别感谢。

曹德旺这些做法显然糅合了本篇所说的"四法"。作为企业领导者,他将"爱兵如子"的理念践行如此深度,企业想不做大都难了。

(五)三宾:将领选用宾客幕僚的三级标准

【原文】

夫三军之行也,必有宾客^①,群议得失,以资将用。有词若县流,奇谋不测,博闻广见,多艺多才,此万夫之望,可引为上宾。有猛若熊虎,捷若腾猿,刚如铁石,利若龙泉,此一时之雄，可以为中宾。有多言或中，薄技小才，常人之能，此可引为下宾。

【注释】

①宾客：指古代贵族的门客、策士等。春秋、战国时亦多用于称谓他国派来的使者。

【译文】

军队出兵打仗，一定要有各种幕僚，共同研究利害得失，为将领决策提供参考。有的人口若悬河，计谋高深莫测，博闻广见，多才多艺，万人之中也不多见，可作为上等幕僚。有的人猛如熊虎，轻捷若猿猴，刚如铁石，锋如宝剑，这是一时的英雄，可作为中等幕僚。有的人建议很多，也有说得对的，小有才能，属于一般人之列，这样的人可作为下等幕僚。

【新解】

上卷《腹心》讨论了主将必须依赖三种骨干力量作为腹心、耳目、爪牙。本篇则着重阐述主将必须选用三种宾客作为幕僚。两篇共同的主题都是"一个好汉三人帮"的道理，强调主将必须注重延揽人才，并且还要善于识才、用才。不同在于，《腹心》侧重于挑选得力助手，《三宾》则侧重于挑选提供咨询意见的幕僚人员。

中华民族向来富有多重性格特征，既珍爱和平，又强悍好勇，更崇尚智慧。据说在有巢氏时代，当大军远征时，将领们往往在旷野上搭建临时帐篷宿营。这种帐篷，古代称"幄幕"。将领时常召见一些人进帐分析形势，出谋划策，这些人便是

"幕僚"的原型。

大约到了春秋战国时期,各诸侯为称霸天下,纷纷招揽才思敏捷、具有各种特长的人,寄于自己门下,以为驱使。这个时候便产生了门客制度,如有名的平原君、信陵君都号称有门客三千,比较著名的有:毛遂、冯谖、蔺相如、侯嬴、朱亥等。

秦、汉时期,门客制度逐步演变为幕僚制度。在强盛的汉朝,领兵打仗的大元帅率军出征时,有权自行招募、选任文职僚属,设置府署,帮助处理军政事务,这一做法被称为"开府"。即使在没有战事的和平时期,将领们也都有意识地吸纳或礼聘一些有专长或名望的人留在自己身边,共同商讨军国大事。由于这类府署设于幄幕中,所以又叫"幕府",幕府中的僚属称"幕僚"。幕僚的职责主要是为主将提供咨询建议、帮助处理文书档案、管理文职行政事务等。

从职能上来看,幕僚的角色与现代社会的智囊团颇为相似。对内,他们凭借丰富的经验为将领出谋划策;对外,则以自己超常的智慧纵横捭阖。从古至今,无论是春秋战国时期的门客,还是明清时期的师爷,各个阶层的人们都对他们抱有极高的敬意,尊称他们为幕僚、幕宾、幕友、谋士、策士、智多星、军师、参谋、师爷等。清代大学者袁枚曾言:"古名士半从幕府出。"这充分说明了幕僚在古代社会中的重要地位与巨大贡献。历史上比较著名的幕僚有张良、杨修、诸葛亮、刘伯温、范文程、邬思道等,他们分别辅佐刘邦、曹操、刘备、朱元璋、皇太极、雍正等君主,共同书写了辉煌的篇章。他们的智慧与谋略,至今仍被后人传颂。此外,唐代李白、杜甫、李商隐等文化巨匠,也曾投身幕府,这进一步证明了幕僚制度的深远影响。

《将苑》作者深受古代幕府文化启迪,专门撰写了一篇《三宾》，强调"夫三军之行也，必有宾客，群议得失，以资将用。"一个"必"字，凸显了幕僚在军事行动中的不可或缺性。战争充满变数与不确定性，高明的将领往往需要众多人才"群议得失"，方能准确判断形势，分析利弊，研究对策、正确决策，从而避免独断专行与闭目塞听。颇有借鉴意义的是，作者将幕僚分为上、中、下三等，意在提醒将领要分层次使用人才。人无完人，不同等级的幕僚各有特长，要用其所长，避其所短。现实生活中有些领导者自视很高，凡事总喜欢独断专行，自己说了算，看起来似乎很果断、有魄力。其实，这种工作方式既孤立了自己，又压制了下属，使得"群议得失"的局面难以形成，自然也就得不到众人的意见和建议。

严格地说，作者对三宾等级的区分是相对的且较为概括。那些口若悬河，计谋高深莫测，博闻广见，多才多艺的人，并不一定是上等的人才。赵括、马谡之流，兵书倒背如流，但食古不化，生硬照搬书本策略，结果一败涂地。因此，在评价人才时，虽可将其大致分为上、中、下三等，但切不可固化，一定要用发展的、变化的眼光看待人才，具体将某人视为上宾、中宾，还是下宾，要因时、因事、因地而异。基本原则有三：一是综合运用，让上、中、下各层次的人才都能发挥其独特作用，形成合力；二是用其所长，避其所短；三是领导者自身要豁达睿智，知人性，能容人，善纳言。

（六）后应[①]：将领统军作战能力的三个等级

【原文】

若乃图难于易，为大于细，先动后用，刑于无刑，此用兵之智也。师徒已列，戎马交驰，强弩才临，短兵又接，乘威布信②，敌人告急，此用兵之能也。身冲矢石，争胜一时，成败未分，我伤彼死，此用兵之下也。

【注释】

①应：应和，响应。后应，响应主将号令，跟随主将征战的将领。
②信：音（shēn），动词，伸直、舒展。

【译文】

能从容易中思考难处，从细微处谋划大事，先搞好动员而后用兵，刑罚能在不用时显示作用，这是智将用兵。部队阵势已经列开，双方战马交错，强弩远射，短兵相接，将领乘着威势扩大自己的势力，使敌人分崩告急，这是能将用兵。冒着敌箭和飞石拼命冲锋，以争一时之胜，结果彼此难决高下，伤亡惨重，这是俗将用兵。

【新解】

上文《三宾》分析了为主将出谋划策的三种幕僚，本文《后应》则重点分析响应主将号令、跟随主将作战的三种将领，实则探讨的是如何选将、用将的问题。作者具体分析了三种将领的特点及能力。上等的是智将，其特点是"图难于易，为大于细，先动后用，刑于无刑"，用现代的语言来说，就是善于运筹，胜于战前，赢在平时，而不需要大规模杀戮。显然，这种将领不是靠勇力征战，而是靠智力巧战。中等的是能将，其特点是"师徒已列，戎马交驰，强弩才临，短兵又接，乘威布信,敌人告急",此等将领善于统率千军万马,富有高超的指挥艺术,长于大规模集团作战,他们既有高超的指挥才能,又英勇善战。下等的是俗将,其特点是"身冲矢石,争胜一时,成败未分,我伤彼死",此等将领身先士卒,勇猛冲杀,勇武有余,智慧不足,是较为常见的一种将领类型。西汉名将李广,虽然声名显赫,但归根结底,他更接近于一个"俗将",擅长战术层面的指挥,而非战略高度的运筹。

李广与匈奴交战70余次,赢得"飞将军"美誉,不少战斗从战术层面上看还是颇为精彩的。比如,有一次,匈奴大举入侵上郡,汉景帝派亲近的宦官跟随李广整训士兵、抗击匈奴。这位宦官喜欢游玩,有一天带了几十名骑兵,纵马驰骋,遇到3个匈奴人,便与他们交战。那3个人转身射箭,伤了宦官,几十名骑兵也被射杀将尽。宦官跑回大营向李广哭诉历险经过,李广肯定地说:"这一定是射雕手。"所谓"射雕手",就是匈奴人中射箭技术最好的大力士。因为雕飞得很高,要射中它,不仅要求箭法精准,还须具备能拉开强弓的臂力,因此,"射雕手"往往是射术精湛者的代称,于是,他带上百名骑兵,急追这3个人。3个匈奴人没有马,徒步行走了几十里。李广命令骑兵散开,从左右两边包抄,并亲自射击3人,结果射死2人,活捉1人。经过审问,他们果然是匈奴射雕手。待捆绑好俘虏上马,李广发现匈奴有数千骑兵向他们疾驰而来。匈奴兵看见李广,以为是诱敌的骑兵,都大吃一惊,连忙上山布阵。李广的骑兵们也非常恐慌,想回马奔逃。

面对数十倍的匈奴骑兵,李广知道逃跑或者硬拼都不是办法,只能智取。于是他心生一计,镇静地对大家说:"我们离大军几十里,现在这样逃跑,匈奴一追赶射杀我们,马上就全完了。我们若留下，匈奴一定会以为我们是为大军来诱敌的，必然不敢来袭击我们。"李广出人意料地命令骑兵说："前进！"进到离匈奴阵地大约 2 里地的位置停了下来，又下令说："都下马解鞍！"骑兵中有人说："敌人多而且离得近，如果有紧急情况怎么办？"李广说："敌人原以为我们会逃跑，现在都解鞍就表示不逃，可以使敌人更加坚定认为我们是来诱敌的。"果然不出李广所料，匈奴骑兵真就没敢袭击。相持了一会儿，有个骑白马的匈奴将军出阵监护他的兵卒，李广上马与十几名骑兵奔驰上前射杀了这个白马将军，然后又返回到他的骑兵中间，解下马鞍，命令士兵把马放开，随便躺卧。这时刚好天黑，匈奴的将领看到李广这架势，有点摸不着头脑，只好远远地观察汉军动静，不敢贸然进攻。天黑下来，他们认定汉军一定有埋伏，怕汉军半夜袭击他们，便连夜全部逃了回去。到了天亮，李广一瞧，山上已没了匈奴骑兵，这才带着骑兵们安然回到大营。

  这一则故事颇有传奇色彩，也很符合本篇所列俗将的特点。李广率领百名骑兵追击匈奴的时候，确实有"身冲矢石，争胜一时"的猛劲。但是尺有所短，寸有所长。李广长于战术，却短于战略。他跟随大将军卫青出征的时候，由于迷路而没有完成作战任务，最后只好自杀。用本篇的观点来分析，李广之败的根源还在于平时治军管理不善于"图难于易，为大于细，先动后用，刑于无刑"，随随便便、马马虎虎，关键时刻自然很容易酿成大错。

  仔细品味李广的历史悲剧，我们或许可以从中悟出本篇的核心思想，那就是主将挑选和任用将领时，一定要仔细辨别每位将领的性格特点和指挥才能，区分出他们是擅长战略规划、战役指挥，还是战术执行，同时更要注意量才而用，用其所长。

智将虽为上等人才，但若置于基层部队，则很可能远不如李广那么英勇善战。因此，把合适的人才用到合适的岗位上这一原则，在古今中外都是制胜的不二法则。

还是有必要重申一下：人才的能力是动态的、变化的、成长的，上述智将、能将、俗将的特点描述及等级划分，只是相对的、概括的，切不可固定不变。选人、用人之时，只有将其主要能力特征与发展变化状态结合起来考察，才有可能量才而用、扬长避短。

（七）便利：将领统军作战应活用战场条件

【原文】

夫草木丛集，利以游逸；重塞山林，利以不意；前林无隐，利以潜伏；以少击众，利以日莫；以众击寡，利以清晨；强弩长兵，利以捷次；遇渊隔水，风大暗昧，利以搏前击后。

【译文】

草木丛生的地方，利于军队隐蔽移动；山高林密关塞重重的地方，利于出其不意地攻击敌人；树林前没有隐蔽场所的地方，利于在林中潜伏；想以少击众，应在日落黄昏之际进行；以众击寡，则宜在清晨进行；强弓利箭和其他远射兵器，可以迅速有效地击败敌人；敌人被江河阻隔和风大昏暗的时候，应当采取前后夹击的战法。

【新解】

本篇以"便利"为题，意指作战时应灵活敏捷、善于适应战场上各种自然条件。战争绝非纸上谈兵,而是在具体的时间和空间展开的。夸夸其谈的战略家只会大而化之地在纸上比画,空喊口号。真正的军事家无论是谋划战争还是指挥作战,都会遵循孙子所说的"知战之日,知战之地",深入具体地研究战场的时空条件,然后制定相应的战术。作者正是从这个角度,提出七种战场常见现象,提醒将领们要善于利用条件,趋利避害。

唐朝后期名将李愬大雪之夜袭取蔡州之战,很好地说明了灵活利用战场自然条件所能产生的效果。"安史之乱"使盛极一时的大唐王朝元气大伤,并形成了地方长期割据、与中央对抗的局面。在诸多藩镇之中,盘踞于淮西蔡(今河南汝南)、申(今河南信阳)、光(今河南潢川)一带的吴元济,屡屡与朝廷作对,为祸不小,唐军征讨四年,但连吃败仗。

元和十二年(公元817年),太子詹事李愬出任西路唐军统帅,开始谋划讨伐吴元济之事。李愬采取优待俘虏,重用降将的政策,致使淮西将士纷纷来投。每当俘获投降的士兵,李愬一定亲自招来查问详情,因此叛军地势的险要和平易,道路的远近,军备的虚实,他全部都弄清楚了。被俘的叛军将领李佑被李愬的宽待和重用感动,想方设法为袭取蔡州出谋划策。他告诉李愬:"蔡州的精锐兵马都在洄曲(今河南漯河市沙河与澧河汇流处)及其周边据守,守卫州城的都是瘦弱衰老的士兵,可以趁他们后方空虚一直打到州城。"

李愬认为这意见很有道理,于是命令李佑、李忠义率领突击队3000人作先锋,自己率领3000人作为主力军,李进诚率领3000人殿后。部队的行动十分秘密,除个别将领外,全军上下均不知行军的目的地和作战任务。李愬只下令说向东行进。

东行约30公里后，唐军在夜间抵达张柴村，趁守军不备，迅速发起进攻，全歼守军及报警的烽火兵。李愬命令官兵们稍微休息一会儿，吃点干粮，整理好战马的笼头和缰绳，又留500人驻守，防备朗山方向之敌，另以500人切断洄曲和其他方向的桥梁，并下令全军立即开拔。诸将问军队开往何处，李愬这才宣布入蔡州直取吴元济。诸将闻言皆大惊失色，但军令如山，众将只得率部向东急进。

此时夜深天寒，风雪大作，旌旗被吹裂，冻死的人马随处可见。夜半，雪越下越大，唐军强行军约35公里，终于抵达蔡州。城边处有鹅鸭池，李愬遂命士卒驱赶鹅鸭，利用它们的声音来掩盖行军声。凌晨时分，李愬军到达蔡州城下，守城敌军仍未发觉。李佑、李忠义身先士卒，登上外城城头，杀死熟睡中的守门士卒，只留下更夫，让他们照常敲梆子报时，以免惊动敌人。然后打开城门，迎接唐军主力部队进城。到了里城，情况也是这样，全城都没有发觉。鸡鸣时分，风雪渐止，李愬领着官兵攻至吴元济外宅。而这时的吴元济仍高卧未起。有人发觉情况不对，跑来报告说官军来了。吴元济却丝毫不以为意，笑着说："俘虏作乱罢了，天亮后把他们全部杀掉。"这时，又有人报告说城已被攻破了，吴元济说："这一定是洄曲的子弟来我这里求寒衣的。"于是起床在庭院里听声响。李愬开始传达将令，近万人齐声响应，余音不绝。吴元济大惊失色，命令剩余的少量官兵登牙城抵抗。蔡州百姓长期苦于吴元济的压迫，争先恐后地抱来柴草帮助唐军火烧南门。第二天黄昏时分，唐军攻入南门，吴元济走投无路，只好率部投降，淮西叛乱遂告平定。

回顾这一仗，不难看出，李愬夜袭蔡州的整个过程很好地运用了本篇"重塞山林，利以不意；以少击众，利以日莫；以众击寡，利以清晨"的谋略思想。

现代战争的舞台呈现出多维化、立体化的特点，战场空间不再局限于地面，而是全方位覆盖陆、海、空、天、电、磁、认知等多维领域，其激烈程度、复杂程度，与古代单纯的地面作战不可同日而语。尽管本篇所提出的七种具体方法与现代战争的要求已经相去甚远，但不可否认的是，其中的内核仍然富有生命力，仍然值得现代指挥员高度重视和灵活运用。战场空间复杂多变，更需要指挥员把握各维领域的特点和具体情况，发挥自身优势，趋利避害，方可最大化地集成和发挥我方力量，同时利用敌方劣势，从而赢得战争的主动权。

人生舞台也具有多维化、立体化的特征，虽然人生的竞争不似战争那么残酷无情，但也相当激烈，个人的力量显得尤为有限，必须懂得借助外力。我们不妨从本篇"便利"中汲取智慧，盘活身边各种资源，尤其注意把握生活和工作环境中天、地、人等资源的特点和具体情况，协调处理好各种关系。一旦各种资源能够为你所用，你便是人生的赢家。

（八）应机：创造战机的关键在于出其不意

【原文】

夫必胜之术，合变之形，在于机也。非智者孰能见机而作乎？见机之道，莫先于不意。故猛兽失险，童子持戟以追之；蜂虿发毒，壮夫彷徨而失色。以其祸出不图，变速非虑也。

【译文】

战争必胜之法，军队阵形分合的变换，都在于能否把握战机。如果不是聪慧之人，怎能见机行事呢？见机行事的关键，在于出敌不意。猛兽陷入危险境地，小孩子都敢拿着长戟去追赶它。蜂蝎用毒刺蜇人，壮士都会惊慌失色，因为那些灾祸出乎意料之外，变化之快使人来不及考虑对策。

【新解】

应机，即顺应时机之意。战机是作战指挥的关键环节。战机的得与失，往往直接影响战争的进程和结局。《六韬·文韬·兵道》有言："兵胜之术，密察敌人之机而速乘其利，复疾击其不意。"这句话强调作战取胜的方法，在于细致地侦察敌人暴露出来的弱点，迅速猛烈地击其不意。《兵法百言·智篇·机》进一步把战机上升为战争胜负的关键节点，指出："势之维系为机，事之转变为机，物之要害为机，时之凑合为机。有目前为机，转盼即非机者；有乘之则为机，失之即无机者。谋之宜深，藏之宜密，定于识，利于决。"这段话清晰地阐释了战机在战争中的多重含义：态势安危是战机，战局转折是战机，地形要害是战机，时间巧妙配合也是战机。同时，战机也不是固定不变的，有些近在咫尺的机会，转瞬之间便可能消失无踪；能及时把握的情境才是战机，把握不了便不能称为战机。因此，指挥官在谋划时要深远周全，保密工作要严格到位，对战机的判断要有远见卓识，捕捉战机则要有果断决绝的勇气与魄力。

郑庄公在繻葛之战中就是因为敏锐地发现了战机，并且果断采取行动，从而取得了胜利。春秋初期，郑庄公凭借国力强盛，侵伐诸侯，不听王命。周桓王为保持王室独尊地位，于公元前707年秋，亲率周、陈、蔡、卫联军伐郑，郑庄公率军迎战于繻葛（今河南长葛北）。联军以周王室军队为中军，陈国军队为左军,蔡、卫两国军队为右军,布成一个传统的"品"字形三军之阵,战旗猎猎,阵形严整。

开战前,郑国的大夫子元细致观察并分析了联军的阵势,发现联军的左、右军都很薄弱,尤其是左军,阵形混乱,人无斗志。于是他向庄公建议,先以我方的右翼方阵攻击敌方的左军,陈军必定败走,周王的中军也会受到震骇而发生混乱;再以我方的左翼方阵攻击敌方的右军,蔡军、卫军就会支持不住,效法陈军而败走。庄公意识到这是一个难得的战机,立即采纳了这一建议,迅速调整郑军阵形,以中军和左、右两个方阵布成一个倒"品"字形的"鱼丽之阵"。阵形调整完毕之后,郑庄公领军向联军左军发动攻击,陈军果然一触即溃。失去左翼配合的右翼蔡、卫军,在郑军猛烈攻击下,也纷纷败退。而联军中军在左、右军溃兵冲击下,阵势大乱,郑军趁势合兵发动猛攻,周桓王中箭负伤,周军大败而归。按常理来说,此战郑军的实力弱于联军,难以取胜。但是,因为郑庄公和子元巧妙地运用了"密察敌人之机而速乘其利,复疾击其不意"的谋略思想,善于料敌察机,变换阵法,先弱后强,逐一攻击,各个击破,最终获得了胜利。

"应机"篇显然继承了姜太公等兵家的思想,吸取了繻葛之战之类战例的经验和教训,既大声疾呼"必胜之术,合变之形,在于机也",又重点强调"见机之道,莫先于不意"。

需要指出的是,作者只是提出"应机""见机",这是远远不够的。真正高明的将领往往不会单纯等待和发现战机,而是积极主动地捕捉战机,更注重创造战机。这种将领往往基于战场的客观情况,审时度势,趋利避害,一旦发现敌部署不周、翼侧薄弱、冒进突出、地形不利等情况,即用计用谋迷惑敌人,同时当机立断，先机制敌。

现代战争的战场形势瞬息万变，战机稍纵即逝。及时获取准确情报，充分做好战斗准备，严格保密作战意图，灵活快速调动兵力，善于运用自动化指挥系统分析与处理战场上的各种情况，及时捕捉和创造战机，都对赢得战争胜利具有更重要的意义。

小米科技创始人雷军曾说："站在风口上，猪也能飞。"虽然此话多少带有一些幽默色彩，但还是在一定程度上说明在当今社会各个竞争领域，努力固然重要，机会却更加重要。只要赶上机遇，并且抓住机遇，即便不是最聪明的人，也能被潮流推向成功。所以，有志于成就大业的人都有必要培养像智将那样的敏锐洞察力，在日常生活和竞争中注意发现、捕捉和创造对自己有利的机会。得机勿殆，迅速趁势而上。有趣的是，网络上也有人评论说："风停了，摔死的都是猪！"此言不差。风口虽然好，却不常有，也不长久。要想在风口过去后能够依然保持飞翔，就不能仅仅依赖机遇，关键在于提升自身的能力。只有机遇与能力相结合，才能真正成就一番大业。

（九）揣能：判断双方胜负的十二个观测点

【原文】

古之善用兵者，揣其能而料其胜负。主孰圣也？将孰贤也？吏孰能也？粮饷孰丰也？士卒孰练也？军容孰整也？戎马孰逸也？形势孰险也？宾客孰智也？邻国孰惧也？财货孰多也？百姓孰安也？由此观之，强弱之形，可以决矣。

【译文】

古代善于用兵的人,只要揣度敌对双方的力量,就能预料到胜负。哪方的君主更圣明?哪方的将领更贤能?哪方的官吏更能干?哪方的粮草更丰足?哪方的士兵更训练有素?哪方的军容更严整?哪方的战马更骏捷?哪方的地形更险要?哪方的幕僚更有谋略?哪方更能使邻国畏服?哪方的财物更充足?哪方的百姓更安定?通过这几个方面来分析,谁强谁弱,谁胜谁负就可以判断了。

【新解】

本篇主要讲战前预先判断战争胜负的问题。这是正确决策和灵活指挥的前提,历来军事家都非常重视。《孙子兵法·计篇》作为十三篇兵法的开篇,主题正是战前的分析判断,孙子提出了"五事七计"的评估体系。"五事",即比较双方道、天、地、将、法五大要素,分析谁优谁劣。"七计",则是进一步具体比较双方"主孰有道,将孰有能,天地孰得,法令孰行,兵众孰强,士卒孰练,赏罚孰明",从而精确判断双方强弱。基于这样的分析和判断上,才有可能理智决策,正确指挥。《将苑》的作者显然继承了孙子的这一思想,明确提出"善用兵者,揣其能而料其胜负"的主张,并且进一步丰富了孙子的理论,详细列举了12个分析角度。应当说,本篇判断胜负的分析面更宽,着眼点更多,不仅涉及国君、将领、官员、粮草、装备和士卒,而且还关注到军容、幕僚、地形、财物、百姓、邻国等,不失为一种全方位的、立体式的战略分析模型。

中国古代历史上有几次改变历史走向的君臣问对。前文已经提到过刘邦与韩信的汉中对,相比之下,时间上更早、影响力更大的则是周文王与姜太公的渭水对。

据《史记·齐太公世家》记载，周文王姬昌与姜太公吕尚在渭水河畔初次相遇时，两个人就一见如故，相谈甚欢，纵论了天下形势并且确立了推翻商王朝的战略规划。《六韬》则详细记录了他们对话的内容，其中有一段对话与本篇"揣其能而料其胜负"的意思大体一致。

文王召太公曰："呜呼！商王虐极，罪杀不辜。公尚助予忧民如何？"直接表达出请求姜太公帮助拯救天下百姓的急切愿望。

太公曰："王其修德以下贤，惠民以观天道。天道无殃，不可先倡；人道无灾，不可先谋。必见天殃，又见人灾，乃可以谋。"显然，姜太公比周文王冷静得多，深知图天下是急不得的事情。所以，他首先提醒文王必须先加强自身的道德修养，礼贤下士，对广大百姓施以恩惠，为民众多办实事，同时静观时局变化。如果商王朝没有发生天灾，不可以首先倡导征伐；如果商王朝没有发生人祸，也不可以先行谋划兴师之举。只有当商王朝既出现了天灾，又发生了人祸的时候，才可以谋划伐纣灭商大计。

接着，姜太公又说："今彼殷商，众口相惑，纷纷渺渺，好色无极，此亡国之征也。吾观其野，草菅胜谷；吾观其众，邪曲胜直；吾观其吏，暴虐残贼，败法乱刑，上下不觉，此亡国之时也。"姜太公的这段话显然就运用了"揣其能而料其胜负"的方法。从整个朝政看，商王朝上下互相欺骗，朝廷杂乱纷扰；从官吏看，奸佞当道，暴虐残酷，败坏法制，滥施刑罚；从君王看，商纣生活糜烂，奢侈无度，这些都是将要亡国的征兆。再从乡村看，田地上野草比五谷长得还茂盛；从社风看，怪诞邪恶的事比公平正直的事还多，而且对这些恶劣情况全国上下还不以为然，毫无觉悟，这已是到了亡国的时候了。

唐代杰出的纵横家赵蕤在《反经·运命》中还记录了一段对话。

文王问太公曰："夫人主动作举事，有祸殃之应，鬼神之福乎？"关心的是君主做大事有什么灾祸的应验和鬼神的福佑。

太公曰："有之。人主好重赋敛，大宫室，则人多病瘟，霜露杀五谷；人主好畋猎，不避时禁，则岁多大风，禾谷不实；人主好破坏名山，壅塞大川，决通名水，则岁多大水伤人，五谷不滋；人主好武事，兵革不息，则日月薄蚀不息，太白失行。"姜太公仍然用"揣其能而料其胜负"的方法分析，从执政者的四种表现预测必然的结果。一是君主加重对人民的赋税盘剥，为扩大宫殿而大兴土木，那么就会有疾病流行，霜露就会冻死五谷；二是君主喜好大规模地狩猎，而且不顾及农时，那么这种年份就会大风频繁，庄稼籽粒多不饱满；三是君主喜好破坏名山，堵塞大河，决通名水，那么这种年份就会有水灾伤人，庄稼长不茂盛；四是君主喜好打仗，战争没完没了，就会出现日蚀、月蚀等现象，金星运行也会失去轨度。

周文王听完茅塞顿开，信心大增，当即请姜太公出谋划策。姜太公遂提出了一系列的谋略思路，战略核心是"阴谋修德以倾商政"。大体分三个步骤。

其一恭顺事商，麻痹商纣。姜太公提出"鸷鸟将击，卑飞敛翼；猛兽将搏，弭耳俯伏；圣人将动，必有愚色"的比喻，指出尽量对商朝做出恭顺的姿态，以退为进，装作腐化享乐、胸无大志的样子，以此迷惑商朝君臣，使其放松警惕，消除疑心。

其二改变东进势头，修德扬善以壮大自己的势力。姜太公提出，得天下在于得民心，所以劝姬昌将主要精力用于内部整顿：一方面行善政以安民，体恤民情，得到百姓的拥戴；另一方面发展生产，富国强兵，增强实力。同时还需要礼贤下士，广招天下贤士人才，并且收揽人心，扩大影响，稳步夯实壮大自己的实力。

其三是剪商羽翼，分化瓦解商朝的诸侯国。对商形成迂回的大包围，一方面结交盟国，取得盟国的信任和支持，对商纣釜底抽薪；另一方面表面上高举拥护商朝的旗帜，暗地里逐步剪除商朝的附庸势力，实现对商王朝最后一击的迂回战略大包围。

周文王完全采纳了姜太公的三策，将其定为基本国策，最终得以推翻商纣王，开创西周王朝。

有人称，《渭水对》是现存的中国历史上第一份完备的统一战争谋划的杰作，充分地体现了吕尚的高超战略眼光，堪称中国历史上统一战争战略谋划与战略思维的开山之作。就现有的文献记载来看，这一评价还是公允的。对于本篇来说，其价值就在于以事实说明历来明智的国君将帅无论是庙堂决策还是战场指挥，都必定要先"揣其能而料其胜负"，这是古今"善用兵者"的不二之法。

据说有"日本现代经营之神"美誉的孙正义在2000年时与阿里巴巴创始人马云仅仅见面谈了15分钟就决定给阿里巴巴投资2000万美元，解了阿里巴巴资金短缺的燃眉之急。可以肯定的是，孙正义绝不可能仅仅通过15分钟面谈就做出如此重大的投资决策，其在会面前必定做足了功课，用"揣其能而料其胜负"的方法对马云个人以及他的阿里巴巴进行了全面的审视与评估，从市场、行业、技术、人员、资金等方面判断阿里巴巴确实拥有广阔的发展前景后，方才果断做出决策。

学兵法重在学方法，尤其是思维方法。诚然，本篇提出的12个分析角度已经很难与现代战争或现代社会竞争的复杂性、多元性、偶然性相匹配，但是"揣其能而料其胜负"的基本方法仍然是各领域智者必须遵循的制胜法宝。

（十）轻战：将士敢于战斗源于精兵与利器

【原文】

螫虫之触，负其毒也；战士能勇，恃其备也。所以锋锐甲坚，则人轻战。故甲不坚密，与肉袒同；射不能中，与无矢同；中不能入，与无镞同；探候不谨，与无目同；将帅不勇，与无将同。

【译文】

螫虫蜇人，凭的是刺毒；战士勇敢，依靠的是他的武器装备。所以，武器锋利，甲胄坚硬，士兵就不怕打仗。铠甲不坚实，就如同赤膊上阵一样；箭射不中目标，就跟没有箭一样；箭头不锐利，射中而不能射入，就和没有箭头一样；侦察不认真仔细，就和人没有眼睛一样；将帅不勇敢，就和没有将帅一样。

【新解】

本篇名为"轻战"，很容易让人们误以为是指"轻视战备"或"轻率作战"。其实，此处的"轻"是指不惧怕。全篇讲的是将士们在战场上毫无畏惧,英勇作战的底气,来自平时的备战训练和先进的武器装备。这是一个值得人们高度重视的千古话题。中国历史上一旦承平日久,往往就出现武备松弛的现象,其结果必然是军民怯战,江山易姓。苏轼的《教战守策》一针见血地道出了这一历史现象,值得三读。

《教战守策》是苏轼应宋仁宗制科考试时写的一篇文章。当时,宋仁宗刚刚亲政,面临着西夏的强大威胁,宋军在三川口之战、好水川之战、定川寨之战中连连败北。为加速培养武将,宋仁宗于庆历三年"置武学于武成王庙,以太常丞阮逸为武学教授。"(《续资治通鉴长编》)从现有史料记载上看,这是中国最早的武学,堪称开中国武学教育之先河。但是,庆历和议签署后,宋朝每年向西夏提供绢15万匹,白银7万两及茶叶3万斤,换取了暂时的平安。社会回归了平静,尚武之风随之淡化,整个社会武备日益松弛。苏轼就是在这个时候参加考试,写下了《教战守策》一文。

"夫当今生民之患,果安在哉?在于知安而不知危,能逸而不能劳。此其患不见于今,而将见于他日。今不为之计,其后将有所不可救者。

昔者先王知兵之不可去也,是故天下虽平,不敢忘战。秋冬之隙,致民田猎以讲武,教之以进退坐作之方,使其耳目习于钟鼓旌旗之间而不乱,使其心志安于斩刈杀伐之际而不慑。是以虽有盗贼之变,而民不至于惊溃。及至后世,用迂儒之议,以去兵为王者之盛节,天下既定,则卷甲而藏之。数十年之后,甲兵顿弊,而人民日以安于佚乐,卒有盗贼之警,则相与恐惧讹言,不战而走。开元、天宝之际,天下岂不大治?惟其民安于太平之乐,豢于游戏酒食之间,其刚心勇气,消耗钝眊,痿蹶而不复振。是以区区之禄山一出而乘之，四方之民，兽奔鸟窜，乞为囚虏之不暇，天下分裂，而唐室固以微矣。

盖尝试论之：天下之势，譬如一身。王公贵人所以养其身者，岂不至哉？而其平居常苦于多疾。至于农夫小民，终岁勤苦，而未尝告病。此其故何也？夫风雨、霜露、寒暑之变，此疾之所由生也。农夫小民，盛夏力作，而穷冬暴露，其筋骸之所冲犯，肌肤之所浸渍，轻霜露而狎风雨，是故寒暑不能为之毒。今王公贵人，处于重屋之下，出则乘舆，风则袭裘，雨则御盖，凡所以虑患之具，莫不备至。畏之太甚，而养之太过，小不如意，则寒暑入之矣。是故善养身者，使之能逸而能劳，步趋动作，使其四体狃于寒暑之变，然后可以刚健强力，涉险而不伤。夫民亦然。今者治平之日久，天下之人骄惰脆弱，如妇人孺子，不出于闺门。论战斗之事，则缩颈而股栗；闻盗贼之名，则掩耳而不愿听。而士大夫亦未尝言兵，以为生事扰民，渐不可长。此不亦畏之太甚，而养之太过欤？

且夫天下固有意外之患也。愚者见四方之无事，则以为变故无自而有，此亦不然矣。今国家所以奉西北之虏者，岁以百万计。奉之者有限，而求之者无厌，此其势必至于战。战者，必然之势也。不先于我，则先于彼，不出于西，则出于北。所不可知者，有迟速远近，而要以不能免也。天下苟不免于用兵，而用之不以渐，使民于安乐无事之中，一旦出身而蹈死地，则其为患必有不测。故曰，天下之民知安而不知危，能逸而不能劳，此臣所谓大患也。

臣欲使士大夫尊尚武勇，讲习兵法；庶人之在官者，教以行阵之节；役民之司盗者，授以击刺之术。每岁终则聚于郡府，如古都试之法，有胜负，有赏罚。而行之既久，则又以军法从事。然议者必以为无故而动民,又挠以军法,则民将不安。而臣以为此所以安民也。天下果未能去兵,则其一旦将以不教之民而驱之战。夫无故而动民,虽有小怨,然孰与夫一旦危哉?

今天下屯聚之兵,骄豪而多怨,凌压百姓而邀其上者,何故?此其心以为天下之知战者,惟我而已。如使平民皆习于兵,彼知有所敌,则固以破其奸谋,而折其骄气。利害之际,岂不亦甚明欤?"

这篇文章写得太好,不忍取舍,所以全文搬了上来,以欣赏其全貌。通读全文不难发现,苏轼此文是有感北宋时政而发,针对性很强。先天不足的北宋政权,一味奉行"守内虚外"的政策,对内统治者竭尽全力镇压人民,对外则妥协退让,边塞空虚,将骄士惰,国势日危。面对北宋积贫积弱的局面,苏轼忧心如焚,不管考试成绩如何,借制科考试之机直言相告最高统治者,指出"夫当今生民之患,果安在哉?在于知安而不知危,能逸而不能劳。此其患不见于今,而将见于他日。今不为之计,其后将有所不可救者",这是《教战守策》的核心思想。接着,苏轼分四层加以论述。

首先,苏轼以古今的战争观念相对比。先王居安思危,身处太平之日,仍不放松武备,目的唯在解一旦之危。"后世"与先王背道而驰,天下太平即一味追求享乐而松弛战备,一旦国家临危,兵民惊骇万分,"不战而走"。其中的"后世",其实就是指宋仁宗当政之时。作者以"安史之乱"为例,言辞恳切地告诫当政者,勿重蹈惨痛的历史覆辙,不行战备,享乐无度将是极为危险的自我麻醉。

其次,苏轼通过王公贵人与农夫小民的对比,说明讲武备战的必要性。苏轼指出,农夫小民身处劣境,终岁勤苦,身体反而结实；生活优裕、保养周到的王公贵人，其身心与体力却日渐衰弱，两相比较，发人深思。苏轼意在强调，承平日久，天下人容易滋生懒惰、麻木和苟且偷安的思想，一旦强敌入侵，人们定会惊慌溃乱，使国家陷入危难。他批评"士大夫亦未尝言兵，以为生事扰民，渐不可长"，必将引致大祸临头而又无力为救。

再次，苏轼进一步以"奉之者有限"与"求之者无厌"相对比，说明花钱买不来真正的平安。苏轼以无所畏惧的精神，对当政者进行了尖锐的批评，指责朝廷"奉西北之虏者，岁以百万计"，只不过是暂时缓解矛盾，断言"战者，必然之势也"。几十年后，"靖康之变"终于爆发。历史证明，苏轼的判断是完全正确的。

最后，苏轼明确提出教民讲武的一系列主张和措施。"臣欲使士大夫尊尚武勇，讲习兵法"，敦促士大夫们要知安知危、能逸能劳。与此同时，苏轼还点明教民讲武的另外一层理由。自宋太祖"杯酒释兵权"以来，重文轻武的局面逐渐形成，军队腐败，武备松弛，缺乏战斗力。到宋仁宗时，这种状况更趋严重。作为宋朝中央军的禁军，平时训练松懈，每日唯知游手好闲，专事嬉戏、经商。陕西路沿边的骑兵，甚至不能披甲上马，地方军队更是一团糟，已完全失去战斗力，只能服些杂役。军队害怕打仗，唯以欺压百姓为能事。苏轼认为，要改变这种武人自以为是的状态，有效方法是全民讲武备战，给军队一点压力。战争状态下，也可军民联手作战。

前述内容，环环相扣，切中时弊，说理透辟，颇有远见，通篇皆是金玉良言。文中所列举的宋朝武备松弛的各种现象与"轻战"中提到的5种表现犹印圈模刻，一丝不差。人们读完苏轼这篇文章，一定能够更加深刻地理解"锋锐甲坚，则人轻战"的深刻内涵及现实意义。

（十一）地势：统军作战宜因地势而战法各异

【原文】

夫地势者，兵之助也，不知战地而求胜者，未之有也。山林土陵，丘阜大川，此步兵之地。土高山狭，蔓衍相属，此车骑之地。依山附涧，高林深谷，此弓弩之地。草浅土平，可前可后，此长戟之地。芦苇相参，竹树交映，此枪矛之地也。

【译文】

有利的地势，是用兵打仗的辅助条件。不知道利用地势而获胜的情况，是没有的。高山深林、土丘大河，适宜于步兵作战。地高山狭，绵延不断，适宜于战车和骑兵作战。背靠高山，面临深涧，上有茂林，下有深谷，适宜用弓箭作战。草低地平，可进可退，适宜用长戟作战。芦苇丛生，竹树交映，适宜用枪、矛作战。

【新解】

本篇与前文"便利"都是研究灵活利用战场地形的艺术，但侧重点有所不同。"便利"，侧重于顺应自然地形灵活采用不同的作战方法，诸如偷袭、潜伏、强攻、夹击等等。"地势"，则侧重于利用不同的地势灵活实施不同的作战类型，诸如陆战、车战、弩战、戟战等等。

自然地形作为一种客观存在的条件，其本身相对稳定，为敌对双方提供了一个共同的"舞台"。在这个舞台上，胜负的关键在于谁能更好地挖掘地形的潜力，发挥其优势，并充分利用这些有利条件。所以，《孙子兵法》中专列《地形篇》，集中研究战场各种地形及其应用方法。孙子明确提出："地形者，兵之助也。料敌制胜，计险厄远近，上将之道也。"不仅强调地形是用兵的辅助条件，而且阐明了用好这种辅助条件的基本方法，那就是准确地判断敌情，具体地考察地形险易，精心地计算道路远近。惟其如此，才能把握地形特点，趋利避害，扬长避短，把天、地、人三大要素有机地结合起来，形成巨大合力，从而赢得作战的胜利。孙子强调这是"上将之道"。《将苑》的作者直接继承了这一思想，在本篇一开头便直言："夫地势者，兵之助也，不知战地而求胜者，未之有也。"比孙子有所进步的是，作者强调的是"地势"，而不单纯是"地形"。地形目测可见，地势则需要在观察地形的基础上进一步分析判断利弊。只有分析判断出地势的利弊，才能选择最适宜的作战类型。作者先后列举了5种地势，并提出了与之相应的5种作战类型。

当年，岳飞攻襄阳之战就是因为正确分析判断地势利弊，发现对方兵力部署违背地势之利，一举而胜的。南宋绍兴四年（公元1134年），岳飞受命率3万大军去收复被金人控制的傀儡政权伪齐。当时伪齐占据襄阳、邓州等六郡，襄阳是这六郡的重中之重。因此，攻打襄阳意义非凡。襄阳位于湖北西北部，汉江中游平原腹地，因地处襄水之阳而得名。其既有江河作为屏障，可以据险而守，又拥有广阔的平原利于军队的大规模厮杀和灵活调动，这些是地形上对于守军的有利之处。因此，如果伪齐军队将大规模骑兵驻扎在平原上，将步兵布防在江边的话，岳家军很难找到有效的攻击方法。

但是，当时伪齐将领李成率10万守军驻守襄阳，他倚仗自己军队兵力数倍于岳飞，将骑兵部署在江边，而将步兵驻守于平原旷野之上。实际上，江边道路崎岖，乱石林立，根本不利于骑兵的快速调动和机动出击；而步兵驻扎在平原，也无法应付骑兵的快速出击。岳飞在观察敌阵后，找到了敌军部署的破绽："步兵利险阻，骑兵利平旷，成左列骑江岸，右列步平地，虽十万众，何为。"经过深思，岳飞想出了一个破城之计。他命部将王贵率领步兵，用长枪攻击敌骑兵，命部将牛皋用骑兵攻击敌步兵。

战斗进行得紧张而激烈。王贵率领的步兵冲入敌人的骑兵之中，用长枪直刺敌战马的腹部。由于江边地域狭窄，敌军无处躲避，战马纷纷倒地。加之江边道路坎坷，不利于战马的奔跑，当前面的战马倒地后，后面的战马也乱作一团，纷纷跌倒，有的还被迫跳入江中。这样，李成的骑兵很快就被击溃了。与此同时，由牛皋率领的骑兵也以势不可当之势冲向敌步兵阵营。由于在平原作战，骑兵可以发挥自己的速度优势来克制步兵，发起一次冲锋之后，能迅速移动再次组织起来发起新的冲击。这样，在一次次轮番冲击下，李成的步兵也迅速土崩瓦解。岳飞取得了襄阳一战的胜利，随即，又乘胜收复了邓州等五郡，为以后反攻中原创造了有利条件。岳飞之所以能取得胜利，关键在于能够根据具体地形地势做出正确的军事部署，巧用地形，发挥己方优势，限制和克制敌军，做到以己之长攻敌所短。而伪齐将领李成，则因为不善于利用地形和地势，反而将有利的形势转变为不利于己的形势，最终导致了失败。

现代战争的战场已经从陆地扩展到海洋、天空和太空，远远超越了冷兵器时代的地形、地势范围，但是地利之道以及因地制宜思想中"活的灵魂"仍然具有极高的参考价值。甚至，这种"活的灵魂"在企业经营、商场竞争、为人处世等领域也都可以借鉴和灵活运用。任何人做任何事情，必定都要在特定的客观环境中进行，不顾客观环境和条件，我行我素，难免会遇到种种阻碍和损害。因此，我们必须学会考察客观环境、适应客观环境并利用客观环境，因地制宜，而且还要"因人而宜"，也就是根据对手在同一客观环境中采取的办法而灵活应变。

（十二）情势：摸准敌将性情采用不同攻心战法

【原文】

夫将有勇而轻死者，有急而心速者，有贪而喜利者，有仁而不忍者，有智而心怯者，有谋而情缓者。是故勇而轻死者，可暴也；急而心速者，可久也；贪而喜利者，可遗也；仁而不忍者，可劳也；智而心怯者，可窘也；谋而情缓者，可袭也。

【译文】

遇到将领中，有勇敢不怕死的，有性急而求胜心切的，有贪财好利的，有过于心慈手软的，有聪明而胆小的，有足智多谋但优柔寡断的。因此，对于勇敢不怕死的，可激怒他使其暴躁；对性急而求胜心切的，可以用持久战对付他；对贪财好利的可以贿赂他；对于心慈手软的，可以使他劳累；对于有智谋但胆小的，可以使他窘迫；对于有谋略但优柔寡断的，可以袭击他。

二、《将苑》卷二逻辑思路及经典谋略

【新解】

本篇名为"情势",主要研究如何针对敌方将领的性情特点采取不同的攻心战法。战争既是军事力量的对抗,更是心理与智慧的交锋。高手之间往往拼的不是力气,而是智慧。所以,孙子说:"上兵伐谋,其次伐交,其次伐兵,其下攻城。"(《孙子兵法·谋攻篇》)"伐谋",就是从心理上瓦解对方的战略意图与计划。在这方面,诸葛亮堪称旷世高手。

成都武侯祠门口有一副对联:"能攻心则反侧自消,从古知兵非好战;不审势即宽严皆误,后来治蜀要深思"。此联简称"攻心联",乃清末光绪二十八年任四川盐茶道使的云南剑川人赵藩所作。据说,毛泽东十分推崇此联,1958年他来武侯祠时,就在此联前驻足沉思良久,反复玩味联语的微言大义。联语字面大意是:若能采取攻心办法服人,那些疑虑不安、怀有二心的对立面自然会消除,自古以来深知用兵之道的人并不喜欢用战争解决问题;不能审时度势的人,其处理政事无论宽或严都要出差错,后代治理蜀地的人应该深思。其中"能攻心"三个字道出了诸葛亮最突出的特点。

据《三国志》记载,公元225年3月,蜀汉丞相诸葛亮决定亲自率军平定南中叛乱。参军马谡为诸葛亮送行时提出平定叛乱要采取"攻心为上,攻城为下;心战为上,兵战为下"的战略。诸葛亮采纳了此建议,遂分兵三路,他率主力大军,作为西路,从成都由水路出发,进军越巂郡(今四川西昌),讨伐高定。

诸葛亮大军到达南中后数战皆胜,先斩杀高定,然后与其他两路大军会合。诸葛亮了解到孟获为当地人所信服,便想通过智取迫使他归顺,从而达到收服南中民心的目的。五月,诸葛亮指挥大军渡过泸水，与孟获军交战，成功俘虏孟获，诸葛亮带他参观军营阵列，询问他对蜀军的看法。孟获回答他："向者不知虚实，故败。今蒙赐观营陈，若只如此，即定易胜耳。"面对孟获不服输的样子，诸葛亮决计用马谡提出的"攻心为上，攻城为下；心战为上，兵战为下"的策略，要使孟获真心归顺，于是便笑着将他放走再战。

诸葛亮对孟获七擒七纵后，仍要继续放他走。孟获及其他土著首领终于对诸葛亮彻底信服了，不肯离去。孟获说："公，天威也，南人不复反矣。"把诸葛亮视为天神的代表，心悦诚服地表示南中人不会再反叛了。

七擒孟获只是诸葛亮心理战的一个案例，作为一位心理战大师，他几乎每次在重要事件、紧要关头，都非常注重从心理上攻心夺气。从《隆中对》开始，诸葛亮对形势和人物的分析，便彰显了他的心理分析能力。初出茅庐他被委以重任前往东吴促成联盟，通过一系列和孙权颇有心理暗示的谈话，最终成功联盟，这无疑是他的心理战术运用得淋漓尽致的体现。又比如，诸葛亮第一次北伐期间率领大军征讨曹魏，因错用马谡而失掉战略要地街亭，魏将司马懿乘势引大军15万向诸葛亮所在的西城蜂拥而来。当时诸葛亮身边没有大将，城里只有一班文官和2500名士兵。诸葛亮急中生智巧施"空城计"，吓退了司马懿的大军。及至第五次北伐，诸葛亮再次和司马懿交手，司马懿坚守不出，于是诸葛亮便给司马懿送去女装羞辱，想施加极大的心理压力逼其出战，遗憾的是司马懿识破了诸葛亮的计谋，坚壁不出，没让诸葛亮计谋得逞。

诸葛亮的心理战虽然偶有闪失，但无损其"心理战大师"的称号。从上述几例不难看出，他总能针对不同对象的心理特点，采用不同的攻心之法。本篇提到的6种常用心理战法，他几乎全部用过。无怪乎，鲁迅先生曾说《三国演义》"状诸葛亮之智近乎妖"。

社会越进步，人心越复杂。当今社会各领域的竞争更加需要因"情势"而动。首先，要深入了解竞争环境中各个对手的性情特点，做到心中有数；其次，要善于根据不同对手的不同性情采用不同的相处方法，避免与任何人打交道都采取同一模式；最后，即使面对同一性情的人，在不同情境下也应当采用不同的方法，切不可固定不变。诸葛亮的"空城计"可以吓跑司马懿，但"送女装"却被其识破。这说明，智圣尚且有失，常人更需谨慎。

（十三）击势：选择战机"十可""五不可"

【原文】

古之善斗者，必先探敌情而后图之。凡师老粮绝，百姓愁怨，军令小习，器械不修，计不先设，外救不至，将吏刻剥，赏罚轻懈，营伍失次，战胜而骄，可以攻之。若用贤授能，粮食羡余，甲兵坚利，四邻和睦，大国应援，敌有此者，引而计之。

【译文】

古代善于作战的人，必定先探明敌情，然后考虑怎样谋取。凡是对方军队士气衰落、粮草不继，百姓愁苦多怨，军队号令不明、兵器也没有人修理，平时不事先考虑对策，战时又无外援，将官剥削士兵、赏罚过轻而且随随便便，部队比较混乱，偶尔打了胜仗就骄傲自满，这种敌人可以进攻它。若对方任用贤能之士，粮草充足，武器精良，与四邻和睦相处，大国也愿意援助它，敌人有这些条件，就要设法避开它，从长计议。

【新解】

　　下卷第八篇"应机"，与本篇"击势"，都是讲战机问题。不同在于，"应机"重点研究的如何出其不意地制造战机，抓住战机。"击势"，则重点研究如何发现和把握对方的可乘之机，也就是古代兵家高度关注的"料敌察机"问题。《三略·上略》有言："用兵之要，必先察敌情，视其仓库，度其粮食，卜其强弱，察其天地，伺其空隙。"明确把料敌察机视为统军作战的首要任务、重要前提。《将苑》作者也表达了同样的观点，开篇即言："古之善斗者，必先探敌情而后图之。"可贵的是，作者进一步提出了选择战机的"十可""五不可"原则，涉及军队精神状态、后勤供应、百姓情绪、军队纪律、武器装备、周边关系、将领秉性、部队管理等方面，引导将领们多视角、多层次分析敌军状态，从而发现有利战机。诸葛亮与刘备的"隆中对"，应当说是运用这些分析方法的典范。

　　刘备第三次登门拜访诸葛亮，立于门外等候良久，感动了诸葛亮，于是便有了隆中对。诸葛亮首先从刘备的主要竞争对手说起："自董卓独掌大权以来，各地豪杰同时起兵，占据州、郡的人不可胜数。现在曹操已经打败了袁绍，拥有百万大军，挟持皇帝来号令诸侯，军事强大，政治有利，这确实不能直接与他争强。"然后又分析次要对手孙权："孙权占据江东，已经历了父兄两代的经营，民众拥戴，又任用了有才能的人，我们可以把他作为外援来依靠，但是不可谋取他。"这两段分析显然

二、《将苑》卷二逻辑思路及经典谋略

活用了本篇的"五不可"。因此,诸葛亮建议刘备对这两个对手要从长计议。

接着诸葛亮从南面分析:"荆州北靠汉水、沔水,一直到南海的物资都能得到,东面和吴郡、会稽郡相连,西边和巴郡、蜀郡相通,这是大家都要争夺的四通八达之地,但是它的主人刘表却没有能力守住它,这大概是上天有意拿来资助将军的,将军您可有占领它的想法呢?"除了荆州,还有益州,诸葛亮分析说:"益州地势险要,有广阔肥沃的土地,自然条件优越,高祖凭借它建立了帝业。现在刘璋昏庸懦弱,张鲁在他北面虎视眈眈,那个地方虽然殷实富裕,物产丰富,刘璋却不知道爱惜,有才能的人都渴望得到贤明的君主。"很明显,这两段分析中又活用了本篇列举的"十可",为刘备指出了可乘之机。

如此这般周密地"先探敌情"之后,诸葛亮转而分析刘备自身的情况。他鼓励刘备说,将军现在虽然实力不如曹操和孙权,但也有两大优势,其一,"将军既帝室之胄,信义著于四海",刘备是汉室后裔,声望很高,闻名天下;其二,"总揽英雄,思贤如渴",刘备广泛招揽英雄,重用人才,深得人心。凭着这些优势,如果谋划得当刘备还是可以争夺天下的。

接着诸葛亮提出了"而后图之"的三步走战略:第一步,先占据荆、益两州,守住险要的地方,作为立足之地;第二步,与西边的戎族部落通好,安抚南边的少数民族,对外联合孙权,对内革新政治;第三步,一旦天下形势发生了变化,就派一员上将率领荆州的军队直指中原一带,由刘备亲自率领益州的军队向秦川出击,夹击曹魏。最后,他信心十足地说:"如果真能这样做,那么称霸的事业就可以成功,汉室天下就可以复兴

149

了。"刘备后来就是基本上按照这个三步走战略建立了蜀汉政权，形成了天下三分的政治局面。

诸葛亮不仅在隆中对时展现出料敌察机之才，而且在帮助刘备打天下的过程中，每每都能洞察敌情，然后用计取胜。可以说，本篇的内容很好地反映了诸葛亮的思想和风格。

无论是古代战争，还是现代战争，敌对双方的状态都是动态的、多变的，甚至是矛盾的。本篇提到的"十可""五不可"，远远不能充分满足将领分析和把握战机的要求，只能作为参考。但是，其价值在于提醒人们，在任何领域选择时机，都要有远见卓识的眼光、透彻入里的分析、客观冷静的判断，方可正确决策，适时采取攻势或守势。

（十四）整师：行军作战贵在各部队协调一致

【原文】

夫出师行军，以整①为胜。若赏罚不明，法令不信，金之不止，鼓之不进，虽有百万之师，无益于用。所谓整师者，居则有礼，动则有威，进不可当，退不可逼，前后应接，左右应旄，而不与之危，其众可合而不可离，可用而不可疲矣。

【注释】

①整：整齐，整然有序，整齐划一。

【译文】

部队行军打仗，靠严整取胜。如果赏罚不明，法令不能使人信服，鸣金不能收兵，击鼓不能进军，纵然有百万之师，也没有什么用处。所谓部队严整，指驻军有礼法，行军有威风，前进时锐不可当，后退时敌人不敢追逼，前后接应有序，左右配合协调，全军服从统一指挥，各部分间互不干扰、不制造危险。这样的部队，团结一致而不会被敌人离间，总是斗志高昂而不会疲惫。

【新解】

古代军队作战往往是战阵对列，靠军队整体联合作战，因此如何"整军"，即统一官兵的思想和行动，保持各部队的协调一致，历来是将领们关注的重要问题。孙子就曾明确提出"一民之耳目"的主张。

孙子说："《军政》曰：言不相闻，故为金鼓；视不相见，故为旌旗。是故昼战多旌旗，夜战多金鼓。夫金鼓旌旗者，所以一民之耳目也。民既专一，则勇者不得独进，怯者不得独退。此用众之法也。"（《孙子兵法·军争篇》）孙子注意到，战场上部队分散作战，如果没有统一的指挥号令，各行其是，势必自乱阵脚，不仅不能取胜，反而很可能被敌人各个击破。所以，即使在分头行动的情况下，也必须使整个部队协调一致，共同行动。怎么做到这一点呢？孙子借鉴古训，提出以金鼓、旌旗作为指挥媒介：昼战因视线清晰且部队分散，多用旌旗；夜战则因声音易传且部队密集，故多用金鼓。其核心在于通过这些指挥工具，达成"一民之耳目"的效果，即统一全军思想，协调各方行动，确保指挥的精准与高效。

为什么要统一思想和行动呢？孙子一语道出其目的："民既专一，则勇者不得独进，怯者不得独退。此用众之法也。"一旦官兵在主将的号令指挥下将思想和行动统一起来，形成一个有机的整体，那么能力强、胆子大的士兵不至于逞强使能，单独争夺头功，而必须与整体步调一致；那些能力弱、胆子小的士兵也不会临阵退却，而是在整体合力的鼓舞下勇敢战斗。孙子指出，这就是指挥人数众多的大部队作战的方法。

《将苑》的作者发展了孙子的这一观点，进一步提出"整军"的八种具体办法，即驻军有礼法，行军有威风，前进时锐不可当，后退时敌人不敢追逼，前后接应有序，左右配合协调，全军服从统一指挥，各部分间互不干扰，不制造危险。显然，将领若能巧妙地从这八个方面严格治军，则能确保军队内部团结一致而不会被敌人离间，始终保持高昂的斗志而不会疲惫。西汉名将周亚夫军细柳营的故事生动地诠释了这一原则。

公元前158年，汉文帝刘恒分别到京都长安以南的霸上、以北的棘门、西北的细柳去犒劳保卫都城的将士。汉文帝先到了霸上，驻守霸上的将军刘礼听说皇上来了，大开营门，让汉文帝的人马直驰而入；汉文帝犒赏完毕，刘礼又命令全营将士列队相送。汉文帝随后又赶到棘门，棘门守将徐厉也跟刘礼一样，诚惶诚恐，列队迎送。汉文帝离开棘门，在文臣武将的簇拥之下，又浩浩荡荡地向周亚夫驻守的细柳军营走去。

细柳军营的将士远远望见尘土飞扬，来了一队人马，立即紧闭营门，弯弓搭箭，做好了战斗准备。为汉文帝开路的使者骑马跑到营门前，见营门紧闭，刀枪如林，急得放声大喊："天子就要来了，你们还不打开营门迎接！"把守营门的将官回话道："我们将军有令，军中只听从将军的命令，不听从天子的诏令。"不一会儿，汉文帝和他的护驾随从来到了营门前，守门将官仍不开门。

汉文帝只好派一名使者拿着符节去见周亚夫，说明皇上要

二、《将苑》卷二逻辑思路及经典谋略

入营犒赏将士,周亚夫才传令打开营门,让汉文帝进入军营。守门将官打开营门,同时对汉文帝的随从说:"将军有令,军中不许策马疾驰!"

汉文帝只好让驭手勒马徐行。周亚夫和几名将军身披铠甲,头戴铁盔,在军营中迎接汉文帝。周亚夫向汉文帝躬身行了一礼,道:"穿戴盔甲的将士不能跪拜,请允许我以军礼参见皇上。"汉文帝见此情形非常感动,面容变得庄重,俯身扶在横木上,派人致意说:"皇帝敬重地慰劳将军。"

汉文帝犒赏完细柳军营,与众随从静静地走出军营大门,众人这才长长地舒了一口气。汉文帝慨叹道:"这才是真正的将军啊!在霸上和棘门,简直像儿戏,如果敌人发起偷袭怎么办?至于周亚夫,谁能进犯他的军营呢?"

正因为周亚夫在细柳营"居则有礼",其所率之军才能够"动则有威"。汉文帝死后,吴王刘濞带领其他六个诸侯王造反,汉景帝任命周亚夫为太尉,率兵平叛。周亚夫不负景帝重托,力挽狂澜,一举平定"七国之乱",为巩固汉朝江山立下汗马功劳。

军队常用"作风养成"一词,强调无论是整支部队还是官兵个人,良好的作风都是通过日常的点点滴滴培养起来的。这一道理同样适用于任何组织和个人。本篇所说的整军要点虽然古朴,但不乏现实借鉴意义。在日常管理中,如果能从"居则有礼,动则有威,进不可当,退不可逼,前后应接,左右应旄,而不与之危"等方面入手,那么所率领的组织或团队一定能够养成良好的作风,在面对艰难险阻时,一定会团结一致而不会被对手所离间,同时始终保持高昂斗志而不至于疲惫。

（十五）厉士：将领激励官兵斗志的五大法宝

【原文】

夫用兵之道，尊之以爵，赡之以财，则士无不至矣；接之以礼，厉之以信，则士无不死矣；蓄恩不倦，法若画一，则士无不服矣；先之以身，后之以人，则士无不勇矣；小善必录，小功必赏，则士无不劝矣。

【译文】

用兵的办法是：用爵位尊崇他们，用钱财供养他们，士卒就会心悦诚服地归顺；以礼仪相接待，用诚信来激励，士卒就会拼死效力；长期给部下实施恩惠而从不厌倦，法纪公正严明，一视同仁，士卒就会无条件服从；将领身先士卒，冲锋在前，撤退在后，士卒就会勇猛无畏；下属哪怕是小的优点也记下来，小的功劳也予以奖赏，士卒就会持续努力。

【新解】

西方著名军事理论家克劳塞维茨认为，战略不是个人意志的单纯体现，而是综合因素的产物，它通常由五种要素构成，即精神要素、物质要素、数学要素、地理要素、统计要素。所谓精神要素，概略地说，是指精神素质及其作用所引起的一切，具体而言，主要指三种精神力量：一是统帅的才能，二是军队的武德，三是军队的民族精神，此外还包括政府的智慧、作战地区民众的民心等等。这几种精神力量通常是综合在一起共同发挥作用的。他由此提出一个明确的论断："精神要素是战争中最重要的问题之一。"（《战争论》第1卷）并且强调，精神要素贯穿于整个战争领域，是将帅意志和军心士气的支柱。良好的精神素质能激发将帅的聪明才智，能鼓舞士兵的高昂斗志，因此在战争中有着惊人的作用。精神力量的得失是决定胜负的重要原因。本篇"厉士"讨论的重点与克劳塞维茨的观点高度契合，集中探讨了将领激励官兵斗志的重要性。比克劳塞维茨进步的一点是，作者提出了五条激励将士的办法，包括奖励、礼遇、蓄恩、身先士卒以及论功行赏，这些都是带兵将帅行之有效的办法。中国人民解放军之所以能够不断发展壮大，由弱到强，并在战场上屡败强敌，正是因为其擅长于运用这些激励的方法。

解放战争初期，大量工人、农民参加解放军，同时大批被俘的国民党官兵也编入了解放军。如何迅速统一思想，使他们真正融入解放军，敢于与国民党军队决战，是一个非常迫切的问题。解放军想出了一个非常有效的办法，那就是各连队普遍开展诉苦复仇活动。诉苦活动方式多种多样，或者以连排为单位召开诉苦大会，选择苦大仇深的典型人物痛诉地主压迫和国民党迫害；或者以班组为单位讨论劳动人民为什么受穷，怎样翻身解放等问题；或组织解放军战士、新战士、老战士"三合一"的对比分析，对比共产党和国民党、解放区和国统区的差别。诉苦后要追究苦根，弄清苦从何来，仇向谁报，认清什么是阶级剥削、阶级压迫。周恩来指出："以诉苦运动启发阶级觉悟是很好的教育方式。"官兵们通过吐苦水、挖苦根，认清了阶级、认清了敌人，每个指战员都明白战争的目的是自己和人民的解放，这就大大激励了大家敢于英勇牺牲的革命精神。

与此相配合，各连队同时开展立功运动。解放军的立功，没有什么物质奖励，而是重在精神奖励，以战功的形式表彰战绩突出的人物。军功章不是金钱，其价值却远远高于金钱，巨大的精神荣誉会伴随受奖者一生。而且，在解放军队伍里，立功受奖注重向下倾斜，重在鼓励基层官兵的斗志。这方面国民党军队就相形见绌。从对抗战英雄授勋（或授予英模称号）中也可以清楚地看出国共两军的巨大差别。在国民党军队，最高荣誉是授予"国光勋章"，其次为"青天白日勋章"。据统计，抗战期间有2人被授予"国光勋章"，170人被授予"青天白日勋章"，在这172位获勋者中，将官及省部级以上高官143人，占83.1%，士兵为0。在共产党军队，最高荣誉是授予英模称号。据统计，抗战期间共有150名指战员被授予英模称号，其中连以下指战员146人，占97.3%；剩下的是营、团领导4人；除此之外，还有30名民兵和3名普通群众被授予英模称号。

为使立功受奖产生普遍效应，解放军还特别注重用多种形式表彰立功人员。诸如，对立功人员颁发立功奖状、立功证书、立功奖章，登报表扬，酌量给予物质奖励，并将功绩记入档案；对立功单位授予锦旗，其中有重大特殊功绩者授予称号，并举行隆重的授旗、授勋大会；对牺牲的功臣进行追功活动，并由部队和地方政府予以慰问抚恤。各部队的庆功大会都开得隆重热烈，功臣和立功单位代表披红戴花，坐荣誉席；首长宣读嘉奖令，号召全体指战员赞英雄、学功臣。部队发给功臣家属的报功喜报，由师、团以上单位印制，直接派人或委托地方政府组成喜报队，敲锣打鼓送往家中。在给地方政府的报功单上写着"特向你们报功，表示庆祝，请你们组织群众整队欢送，广为宣传"等字样。有的地方政府还向功臣家庭赠送"功臣之家""光荣之家"等匾额。

这一系列措施，显然巧妙地将奖励、礼遇、畜恩、身先士卒、论功行赏等方法融为一体，极大地激发了指战员的荣誉感，促进了部队立功运动的深入发展，也对军人家属和人民群众起到了巨大的鼓舞作用。

清圣祖康熙曾经说过："为将者不徒在一己奋勇，须平时鼓励士卒，使同心协力，勇于战斗为是。"（《清圣祖实录》）突出强调将领不能只顾自己英勇，还要注重"厉士"。而"厉士"之成效，并非一朝一夕可得，它要求将领在日常中要综合运用多种方法，持之以恒，才能真正激发全体官兵的英勇斗志。在当今社会，无论是军事领域还是其他各行各业，领导者都期望自己的团队在关键时刻，尤其是面临困境时，能够挺身而出，展现非凡的战斗力。为此，应当深入研读并借鉴本篇所阐述的"厉士"之道，将其精髓融入日常的管理之中，本篇所倡导的五个"无不"精神面貌定将在团队中逐渐生根发芽，成为推动团队持续前进的不竭动力。

（十六）自勉：将领自修三则，避免七大错误

【原文】

圣人则天，贤者法地，智者则古。骄者招毁，妄者稔①祸，多语者寡信，自奉者少恩，赏于无功者离，罚加无罪者怨，喜怒不当者灭。

【注释】

①稔：事物酝酿成熟。

【译文】

圣人以天道为准则,贤人以客观实际为法则,智者以古代的圣贤为准则。骄傲的人会招致毁伤,狂妄的人会酿成灾祸,夸夸其谈的人缺少信义,自私的人刻薄少恩,奖赏无功的人,人心就会离散,惩罚无罪的人就会使人怨声载道,喜怒无常的人就会自取灭亡。

【新解】

在古代兵法中,将领的修养被视为至关重要的核心要素,它不仅在内涵与要求上显著区别于文官的修养体系,也超越了普通军官的素养范畴,要求将领必须兼备多方面的高尚品德与卓越才能。本篇深入探讨了将领的修养之道,认为将领应当遵循"三则":圣人则天,贤者法地,智者则古,即顺应自然法则,效法先贤圣人;同时要避免"七过",即"骄者招毁,妄者稔祸,多语者寡信,自奉者少恩,赏于无功者离,罚加无罪者怨,喜怒不当者灭"等。上卷第七"将志"已经专门论述过将领的修养问题,认为一个位高权重的将领应该做到"六不",即"不恃强,不怙势,宠之而不喜,辱之而不惧,见利不贪,见美不淫"。虽然"七过"和"六不"都是对将领提出的要求,但是二者侧重点有所不同。"七过"强调的是将领日常修养的准则,"六不"则侧重于将领在心志上应该持有的正确态度和取向,这两者相辅相成,共同构成了将领修养的完整框架,其最终目的都是使将领能够"以身殉国,一意而已"。

唐朝名将李靖,几乎完美践行了上述一系列要求。作为唐朝开国第一名将,李靖不仅战功显赫,北破胡虏,西定青海,而且能力超群,无论是当时还是后世,都对他评价极高,堪称大唐第一良将。唐朝朝廷特设武庙，以表彰历史上的杰出将领，李靖名列其中，与韩信、白起、孙武、吴起等古代名将同列，被誉为武庙十哲之一。此外，李靖还著有兵法传世，桃李满天下，培养出了无数后辈名将。他出将入相为国家宰执，实现了立功、立德、立言的崇高理想，最终一生荣宠，善始善终，成就了一段不朽的传奇。

李靖作为一个隋朝末年的降将，之所以能够被李世民接纳和重用，与其善于用兵、长于谋略，尤其是修养过人有着直接的关系。李靖在军事上果敢敏捷，作战时尚奇、尚速、尚险，屡立奇功。然而，在日常生活中，他却是个非常稳健而又低调的人，遇事总是思之再三，谋之再谋，绝不轻率行事。他喜欢沉静深思，在他人高谈阔论、谈笑风生之时，他却整日静思，不轻易发表言论。朝堂之上，面对争论，他总是一言不发。与宰相们议事时，他也是听得多说得少。李靖这种处世风格，使他在朝廷中树敌很少。李靖不好与人争，但认准了方向便不轻易回头，办事讲究原则和道义。李靖大军横扫漠北、击破突厥之后，奏凯还朝。御史大夫温彦博妒忌李靖的功绩，暗地向太宗李世民密告李靖治军无方，纵兵掳掠突厥的奇珍异宝，致使珍宝都散落入乱军之手。李世民闻知此事十分生气，狠狠地训责了李靖，李靖并不自辩，只是叩首谢罪。过了很久，李世民对李靖说："隋将史万岁打败了达头可汗，但并没有得到应有的奖赏，反而因罪被处死。我绝不会如此做，应该赦免你治军无方的罪过，记住你击败突厥的功勋。"于是下诏加封李靖为左光禄大夫，赐绢一千匹，增封食邑共五百户。这其实是很平常的封赏，李靖却欣然谢恩。不久，心生愧意的李世民再次向李靖道歉说："从前有人谗害你，现在我已经明白了真相，请你不要介意。"又赐给李靖绢二千匹，提升他为尚书右仆射。由于精通兵法，又谨慎处事，李靖不仅先后帮助李世民消灭了四个劲敌，战功卓著，而且官至兵部尚书，封卫国公，得以善终。终其一生不难发现，李靖不善言谈，表达木讷，恭谨温顺，并非刻意韬晦或伪装，而是长期修养形成的自然习惯，他不骄、不妄、不语、不自夸、不偏倚、不自纵，很好地避免了本篇所说的"七过"，因而得到上下的认可和尊敬，成为天下公认的唐初第一良将。

中国共产党十八大以来，全党上下把反腐败斗争作为全面从严治党的重要内容，反腐惩恶，正风肃纪，着力构建不敢腐、不能腐、不想腐的体制机制。十余年来，政界、军界、商界惩处了一大批贪污腐败分子，其中甚至包括上百位"军中老虎"。这些"军中老虎"无一例外都是忽略了本文所说的"七过"，集骄、妄、奢、贪、巧言、自奉、寡信于一体。"多行不义必自毙"（《左传·隐公元年》），最终是自取灭亡，精准地印证了本篇所言之理。

反腐败斗争永远在路上。加强自我修养，避免"七过"，永远是各界领导者自勉的必由之路。

（十七）战道：战场时空不同，战法各有特色

【原文】

夫林战之道，昼广旌旗，夜多金鼓，利用短兵，巧在设伏，或攻于前，或发于后。丛战之道，利在剑盾，将欲图之，先度其路，十里一场，五里一应，偃戢旌旗，特严金鼓，令贼无措手足。谷战之道，巧于设伏，利于勇斗，轻足之士凌其高，必

死之士殿其后，列强弩而冲之，持短兵而继之，彼不得前，我不得往。水战之道，利在舟楫，练习士卒以乘之，多张旗帜以惑之，严弓弩以中之，持短兵以捍之，设坚栅以卫之，顺其流而击之。夜战之道，利在机密，或潜师以冲之，以出其不意，或多火鼓，以乱其耳目，驰而攻之，可以胜矣。

【译文】

林战的方法，白天要广设旌旗，夜晚要多用金鼓，充分发挥短兵器的作用，巧妙设置埋伏，或者从敌人前面进攻，或者从敌人后面袭击。在草木丛生的地方作战，使用剑和盾。要想取胜，必先考虑线路，十里设一大站，五里设一小所，收藏好旗帜，特别要控制金鼓，令敌人到时手足无措。在山谷中作战，要巧设埋伏，便于勇猛战斗，让身手矫健的士卒抢占制高点，敢死队殿后掩护，用强弩利箭射击敌人，接着让使用短兵器的部队继续冲击，使敌人不能前来，我军也不必冲下谷底。在水上作战，要使用战船，在船上操练士卒，并多树旗帜来诱惑敌人，在远处用弓箭射击敌人，在近处用短兵器来捍卫战船，并设坚固的栅栏来防卫，顺流攻击敌人。在夜间作战，好处是行事机密，有时秘密派遣部队出其不意地打击敌人，有时多点火把，猛击战鼓，以扰乱敌人的耳目，然后迅速攻击就可以取得胜利。

【新解】

本篇所谓"战道"，实际上是古代军事上的一个非常重要的命题，自古兵家战家多有论述。《孙子兵法·地形篇》有言："故战道必胜，主曰无战，必战可也；战道不胜，主曰必战，无战可也。"显然，孙子所言之"战道"，指的是战争规律，强调应按战争规律行事。当战争规律预示必胜时，如果君主害怕损失而下令不战，将领可以违背君主命令，继续作战直到胜利；当战争规律显示战争必败时，如果君主意气用事，非战不可，将领也可以违背君主的命令，退出战场，避免做无谓的牺牲。《司马法·仁本》说："战道，不违时，不历民病，所以爱吾民也。"司马穰苴所言之"战道"，则是指作战原则，即战争应当不违背农时，不在疾病流行时兴兵作战，以体现对民众的关怀。相比之下，本篇所说的"战道"，更侧重于基本战法层面。作者分析了林战、丛战、谷战、水战、夜战等五种地形和天候条件下的不同战法，虽然这些适合于当时历史条件下的战法在现代战争中大多已经失去了运用价值，但是其中蕴含的核心观念仍然鲜活有力，是战场制胜的不二法门。这个核心观念就是必须依据具体地形和天候条件采取不同的战法，同时要注意扬长避短，趋利避害。

开国第一大将粟裕堪称百战百胜的高手，其高超的指挥艺术主要不是来自兵书，而是来自他特殊的爱好——看地图。战争期间，每到一个宿营地，粟裕就会把1/50000比例尺的当地军用地图钉在墙上，边看边沉思，有时甚至连续看上几天几夜。他的作战参谋秦叔瑾回忆，粟裕看地图有一个特点，"不仅看1/50000的地图，还要看友邻部队地区的1/200000图以及更大范围的1/500000图和全国1/1000000图"。也就是说，粟裕不只考虑战役、战斗，还从战略全局考虑问题。所以，他总是把战役的局部和战略的全局结合得很好。粟裕不仅看地图，还背地图。凡是山川道路，村镇桥梁，针叶林、阔叶林、水稻田、高苗地等等，他都熟记于心。每到一个宿营地，他都要求部队绘制详细的地图上交,细致到瓦屋草房、河沟池塘每一处,同时命令参谋处给各连文书讲授简易标图知识。他对于地图上每一个细微的偏差和实地的变化都不放过。有人问粟裕,这地图有什么奥秘啊?粟裕回答:"奥妙无穷啊!熟悉地图,熟悉地形,是军事指挥员的基本功。不谙地图,无以为宿将。"仅举一例,便可看出粟裕根据地形灵活指挥作战的功夫。

1938年4月,粟裕正式担任先遣支队司令员,率部先期进入苏南敌后,执行战略侦察任务。6月份的江南已是梅雨季节,面对敌占区猖狂的日寇和我方经过长时间急行军的战士,粟裕向司令员陈毅请求增加了一个连的兵力,决定在镇江以南的韦岗组织一次战斗,以提振士气。他首先指挥部队破坏了宁沪铁路,切断了敌人交通,随后又精心选择了韦岗伏击区,静候敌军入网。6月17日,粟裕带着精心挑选的80多人,冒着大雨急速开往他事先选择的伏击区。进入预定区域,指战员们才真正明白粟裕为什么要选这一地区伏击。只见此处地形险要,公路蜿蜒曲折,两旁是连绵起伏的山岭。他们由衷地佩服粟裕找到了一个理想的设伏之地。

上午8时,敌人毫无戒备地进入伏击地带,粟裕命令机枪、步枪开火,打得敌人抱头鼠窜,随即他带领战士们如猛虎下山,以势不可当的气概压制敌人。最终韦岗一役毙伤日军少佐土井以下官兵数十人,击毁汽车4辆,缴获一批弹药和物资。这是新四军挺进江南后的第一战,有力地打击了日军的嚣张气焰。

有人说"为人如为将",此话有一定的道理。将领不会永远在同一个战场作战,而是需要在树林、草丛、山谷、水域、夜间等不同地形和天候条件下指挥作战,所以必须根据不同的环境采用相应的战法。在社会竞争领域,任何人都不可能局限在同一个时空拼搏，而是要面对多种多样的挑战和场景。为了在各种环境中立于不败之地，还真得学点本篇的"战道"。首先，要像粟裕熟知地图那样，深入研究竞争环境，把握其特点。其次，要根据不同的竞争环境特点，采用不同的策略，或攻或守，或藏或动。最后，在各个竞争环境中，要善于扬其长，避其短，同时整合竞争环境中的各种资源，形成强大的合力，为我所用。

（十八）和人：统军作战之道重在于人和心齐

【原文】

夫用兵之道，在于人和，人和则不劝而自战矣。若将吏相猜，士卒不服，忠谋不用，群下谤议，谗慝互生，虽有汤、武之智，而不能取胜于匹夫，况众人乎。

【译文】

用兵打仗的关键，在于部队内部的团结一致。部队团结了，士兵无需激励，也会自觉投入战斗。若将官之间互相猜忌，士兵又不服从命令，忠实且有谋略的人不被重用，就会导致大家在背后多有议论，恶语谗言不断。这样即使有商汤、周武王的才智，连一个普通的人都打不过，更何况是人数众多的敌国部队呢？

【新解】

"和人"，意指使官兵和顺一致。这是《将苑》提出的一个新概念，但其内涵却是古老的问题。文中提出"用兵之道，在于人和"，直接点明了将领带兵打仗的根本问题——军心。对

二、《将苑》卷二逻辑思路及经典谋略

于治国者而言,得民心者,得天下。同样,对于治军者来说,得军心者,全军将士"不劝而自战矣"。至于如何"和人",作者没有从正面提出具体办法,而是从反面列举了五种破坏"和人"局面的行为,即"将吏相猜,士卒不服,忠谋不用,群下谤议,谗慝互生"。这是古往今来影响军队团结、动摇军心士气、消弭官兵战斗意志的主要祸根。中国人民解放军自建立之初,便深刻认识到这些问题的严重性,因此确立了"官兵一致"的政治工作基本原则,明确规定官兵之间、上下级之间政治上平等,只有职务高低之分,没有贵贱之别。军官关心和爱护士兵,士兵尊重军官,团结互助,同甘共苦,实行有领导的民主,建立自觉的纪律,共同为军队建设和完成各项任务承担责任,贡献力量。这是中国人民解放军区别于一切剥削阶级军队的根本标志,也是中国人民解放军强大战斗力的源泉。遵循这一原则,正确处理军队内部关系,才能形成生动活泼的政治局面,激发广大官兵高度的责任感和主人翁精神,使官兵之间、上下级之间,患难与共,生死相依,始终保持高度统一。从而有效地避免了"将吏相猜,士卒不服,忠谋不用,群下谤议,谗慝互生"的现象,做到了真正意义上的"和人"。

国民党军队却恰恰相反,官兵对立,派系对立,军官穿皮靴,士兵穿布鞋,嫡系喝肉汤,旁系吃粗糠,处处应验了本篇所说的"将吏相猜,士卒不服,忠谋不用,群下谤议,谗慝互生,虽有汤、武之智,而不能取胜于匹夫,况众人"。性质决定命运。剥削阶级的性质决定了国民党军劣根难断,不可能改变败亡的命运。抗日战争初期,国民党军曾经一度想学习八路军的游击战法,但是其军队的劣根性使这一尝试最终未能成功。

1937年卢沟桥事变爆发后,全面抗战爆发。八路军立即东

渡黄河，开赴抗日前线，首先在平型关、阳明堡机场等地连续取得几场大胜，振奋了全国军心士气，支援了国民党军在忻口等正面战场的作战。随后八路军又从几个战略方向上，向日寇占领区广泛开展游击战。挺进敌后的八路军部队往往1个排、1个连就能占领1座县城，振臂一呼，从者云集。这样再加上消灭当地伪军、土匪和搜集国民党军溃败时丢弃的大批武器装备，就能迅速扩充起数以千计的部队。其中，第115师政委聂荣臻率领所部2千余人挺进五台山地区，在晋北、冀西迅速收复数十座县城，并建立了第一个敌后抗日根据地——晋察冀根据地，部队也在几个月里扩充20倍，达到4万余人。

1938年春，国民党当局在武汉召开军事会议研究下一步战略，素有"小诸葛"之称的副总参谋长白崇禧提议，效法八路军广泛开展游击战争。当年11月下旬蒋介石在湖南衡山召开的南岳军事会议上宣布："二期抗战，游击战重于正规战"，并于1939年初在湖南衡山开办了"南岳游击干部训练班"，请八路军参谋长叶剑英所率的一批从延安来的教员任课，还特意请叶剑英担任副教育长。叶剑英等八路军将领毫不保留，非常坦率地介绍了游击战的种种经验，但没有想到开课之初，到场受训的国民党军官们就连连摇头，纷纷表示："做不到、做不到。"

是游击战战法神秘莫测，还是高不可攀？都不是。关键在于游击战的两个基本前提条件，就与国民党军队的传统南辕北辙。其一是军民一致，即军队与群众紧密相连，形成不可分割的整体。对此，连担任训练班教育长的汤恩伯都表示非常无奈。他手下留在黄河以北打游击的50余万部队，基本都是老西北军、东北军系统的杂牌武装，蒋介石让他们打游击，更深层的目的在于消耗他们，自然不可能为其提供充足的粮食军饷和武器弹药。因此，部分官兵不得不靠抢掠老百姓的财物来维持生计，何谈与老百姓融为一体。其二是官兵一致，全军上下同甘共苦，团结一致。这一条更是让在场所有人感慨万千，当听说八路军总司令朱德与普通士兵们吃一样的伙食、穿一样的衣服时，大家都震惊不已，纷纷表示，在国民党军队中，不要说军长、师长，就是要求连长与士兵过一样的生活，也绝对办不到。

由此一斑，可窥全貌。国民党军为什么抗战不力，为什么最终败给解放军，原因不言自明了。

唐太宗曾经问房玄龄、魏征等人："创业与守成孰难？"房玄龄曰："草昧之初，与群雄并起角力而后臣之，创业难矣！"魏征对曰："自古帝王，莫不得之于艰难，失之于安逸，守成难矣！"（《资治通鉴·唐纪》）房玄龄和魏征的回答都有道理，但是对于守成的一代人来说，似乎更应当重视后者。打江山，或者创业阶段，目标相对一致，"和人"相对简单；坐江山或者守成阶段，利益更加多元化，"和人"更为复杂，文中所提到的五种弊端更容易出现。对此，社会各界领导者都必须高度重视，对"将吏相猜，士卒不服，忠谋不用，群下谤议，谗慝互生"等现象保持高度警惕，露头就打，防微杜渐，才能确保"和人"局面良性发展。

（十九）察情：战场侦察敌情，应当由表及里

【原文】

夫兵起而静者，恃其险也；迫而挑战者，欲人之进也；众树动者，车来也；尘土卑而广者，徒来也；辞强而进驱者，退也；半进而半退者，诱也；杖而行者，饥也；见利而不进者，

劳也；鸟集者，虚也；夜呼者，恐也；军扰者，将不重也；旌旗动者，乱也；吏怒者，倦也；数赏者，窘也；数罚者，困也；来委谢者，欲休息也；币重而言甘者，诱也。

【译文】

战事已经开始但敌人很镇静，那是倚恃其地势险要；敌人逼近我方挑战，那是想引诱我方发动进攻；树木无端摇动，必定是车队来犯；尘土扬得不高但范围很广，一定是步兵来袭；敌人言词强硬，声称要进攻，肯定是要退却了；敌人半进半退，一定是在诱惑我方；敌兵把长柄兵器当拐杖行军，是饥饿的表现；敌人有利可图却按兵不动，是疲劳的表现；飞鸟在军营聚集，一定是座空营；敌人夜间呼喊，一定是惧怕；敌营混乱不堪，表明将领失去了威信；敌人旗帜乱动，一定是阵势乱了；敌军官易动怒，表明敌军倦怠；赏的次数太多，表明境况窘迫；罚的次数过多，表明处境艰难；敌人派人来致歉，一定是想休整；敌人送来重礼，而且甜言蜜语的，一定是在引诱我们。

【新解】

本篇名为"察情"，主要论述的是如何观察和分析敌情。作者把敌情分为17种外在表现，并针对每一种表现提供了具体的判断方法。其实，这些方法都源自《孙子兵法·行军篇》中的"相敌32法"，只是文字略有差异。

"察情"与孙子所言"相敌"，本质相通，均强调对敌情做出准确、及时的观察和判断，从而得出新的结论，不断修正已拟定的作战计划，使其更符合客观实际。孙子认为，只有透过战场上各种纷乱迷离的现象，加以由表及里、去伪存真地认真分析，才可获得敌情的真相。这一思想构成了"察情"篇的理论基石。

"察情"并非简单地罗列战场上的各种现象，而是从六个角度深入分析，帮助为将者更好地把握战场形势，为制定克敌制胜的策略提供有力支持。

第一个角度，"兵起而静者，恃其险也；迫而挑战者，欲人之进也"。这是针对敌军所处位置及其行动的判断。敌人逼近而镇定安静的，是依仗他占据了险要地形；敌人距离我方遥远却前来挑战的，是要引诱我方前进。

第二个角度，说的是"众树动者，车来也；尘土卑而广者，徒来也"，这是通过相关动静判断敌情的方法。树动不止，意味着战车飞驰而来；尘土低而宽大，意味着敌步兵开赴而来。

第三个角度，"辞强而进驱者，退也；半进而半退者，诱也"，这是通过敌方动作，对敌意图的判断。敌外交言辞强硬，且做出进攻态势，实际是退却的先兆；敌半进半退，则是诱兵之计。

第四个角度，"杖而行者，饥也；见利而不进者，劳也；鸟集者，虚也；夜呼者，恐也；军扰者，将不重也；旌旗动者，乱也；吏怒者，倦也"，这是通过敌军表面现象，对敌方战斗力的判断。对于把长柄兵器当拐杖行军、争相抢先饮水、见利而不进的部队，说明或者饥饿、干渴，或者已到了极度疲惫的程度。鸟雀聚集在营寨上，下面是空营；敌人夜间惊叫，说明部队恐慌；敌营惊扰纷乱，说明敌将不够威严；敌方旌旗乱动，说明部队混乱；敌军指挥员怒气冲天，说明已到厌战、军心动摇的程度。

第五个角度，"数赏者，窘也；数罚者，困也"，这是通过观察敌军将领的管理方法，对敌军整体状态的判断。频繁赏赐，是处境困窘；动辄处罚，是一筹莫展。

最后一个角度是"来委谢者，欲休息也；币重而言甘者，诱也"，这是通过观察敌军行动，对其未来趋势的判断。敌方派人来委赞谢罪，一定是想获得喘息之机；敌方送来重礼，而且甜言蜜语，一定是在引诱我们。

现代战争，多为超视距作战、非接触作战，双方几乎难以面对面接触。于是，有些人或许认为上述"察情"的各种方法都过时没用了。诚然，孙子也好，诸葛亮也罢，都是冷兵器战争时期的人物，他们提出的这些战场侦察方法的确都是比较古朴简单，多为经验性的。但是，这相敌之术中体现出的通过各种信息感知手段观察敌情和透过各种表象、假象判断敌情的思维方法却具有重要的价值。这些方法体现了一系列重要的哲理，比如"见微以知萌，见端以知末"，即通过微小的变化而知其未来的发展趋势，通过事物发展的开端，而预知其结局。又如，"由表而及里，由此而及彼"强调要透过现象深入本质，由一点推及另一点等。这些哲理的核心在于，只有深刻理解并运用这些方法，才能透过战场迷雾，准确判断敌情，并根据实际情况做出正确的决策。信息时代，战场感知手段和推理判断方法相比孙子的时代已取得了飞跃式的进步。人们借助先进的科学技术，使得各种感知手段得到巨大的延伸，思维能力和计算能力也空前强大。然而，尽管技术日新月异，敌情侦察的基本原理与"相敌""察情"思想在本质上仍然具有相通之处，都强调了深入观察、理性分析和准确判断的重要性。说起来，美国人之所以能够最终锁定本·拉登的藏身之处，也是由种种蛛丝马迹的表面现象逐步分析出来的。

在2007年之前，美国中央情报局获知了拉登一位信使的部分信息，知道了这位信使的化名，也知道拉登非常信赖这位信使。经过两年追踪，在2009年的时候，他们确认了这名信使及其兄弟在巴基斯坦经常出没的一个地点。2010年8月，美国中央情报局确认了这名信使及兄弟在巴基斯坦北部山城的确切住所。在接下来的日子里他们又通过细节分析推断出本·拉登就藏身于这幢住所之中。

这一结论是基于几个不同寻常的现象得出的。首先，这处住所在当地面积特别大，远超周边的住宅面积，而且房价超出了这对信使兄弟财力的承受范围。其次，住所的戒备非常森严，高高的院墙有4到6米，而且有两道安全门，里边还有一座三层的小楼。这座三层小楼的前面，还有多处内墙阻挡，显得非常神秘。再者这样一座豪宅，既没有电话，也没有网络，通讯非常可疑。此外，住所里的住户也不像普通居民那样倾倒生活垃圾，而是将垃圾全部焚烧。最后，这个住所坐落在中产阶级区，附近有一家医院。美国中央情报局对本·拉登非常关注的一点就是他的肾病。因为美军多次在本·拉登逃离后搜索他住过的地方，都发现他裤子上有尿液，说明他经常尿裤子，肾病已经到了比较严重的地步。焚烧垃圾很可能是为了销毁与肾病治疗相关的大量药品和透析液。同时，附近医院的存在使得购买药品变得更为便利且不容易引起外界怀疑。

综合这一系列现象，美国中央情报局断定，这里就是本·拉登的藏身之处。美军的行动也验证了这一判断。5月1日美军特种部队突击这幢住所，并成功完成了任务。这就是现代版的"相敌"，信息化条件下的"察情"。

相对而言，"察情"似乎比"相敌"更贴近非军事领域人们的现实生活。"战道"篇中讲到，我们有必要像粟裕熟知地图那样，研究竞争环境，把握其特点。本篇则告诉人们观察竞争环境的具体方法，那就是透过各种纷乱迷离的表面现象，见微知著、由表及里、去伪存真地认真分析，才能够获得对竞争环境的精准把握，避免盲从或受骗上当。

（二十）将情：善将者重情，与官兵同甘共苦

【原文】

夫为将之道，军井未汲，将不言渴；军食未熟，将不言饥；军火未然，将不言寒；军幕未施，将不言困；夏不操扇，雨不张盖，与众同也。

【译文】

作为将领的原则是：军井还没有挖好，将领不能说渴；军中的饭还没煮熟，将领不能说饿；军中的火堆还没有点燃，将领不能说冷；军中的帐篷还没有搭好，将领不能说疲劳；夏天不摇扇，雨天不打伞，与大家同甘共苦。

【新解】

本篇名为"将情"，着重讲的是为将要注重与官兵同甘共苦的原则。军队固然是一个纪律森严的战斗集体，但更是一个真情凝聚的大家庭。官兵们亲如兄弟，生死与共，靠的就是朝夕相处建立起来的真挚感情，而不是物质刺激或行政命令。感情既是官兵团结一致的纽带，又是部队战斗力的源泉。正因为如此，自古以来明智的国君将领都高度重视以情带兵，爱兵如子。

《六韬·龙韬·立将》记录将领出征的场景中,国君在授权时就告诫:"士未坐勿坐,士未食勿食,寒暑必同。如此,则士众必尽死力。"尽管国君此言的初心并非完全出于爱兵,更多是为了激励官兵为维护朝廷安全而奋力作战,但是客观上还是起到了督促将领关爱士兵的作用。本篇正是继承了这一传统,强调将领要注意以情带兵,提醒将领在带兵过程中要注意饮水、吃饭、驱寒、睡觉、摇扇、避雨等细节。

这些细节问题看似无关紧要,但是直击官兵的敏感神经,非常容易引起关注和共鸣。所以兵书有言:"将帅抚士卒,如父兄于子弟;则士卒附将帅,亦如手足之捍头目。"(《明太宗宝训·谕将帅》)"三军知在上之人爱我如子之至,则我之爱上也如父之极。故陷危亡之地,而无不愿死以报上之德。"(《百战奇法·爱战》)点滴之恩,愿以死相报,这是大多数重情重义的军人的共同情怀。然而,将领往往在一人之下,众人之上,被众人仰视和尊敬,客观上也容易产生高高在上的感觉,要做到在这些小事上关心关爱基层官兵,委实不容易,尤其是长期坚持如一日,更非易事。这就需要将领真正从思想上牢固树立爱兵如子的意识,这是以情带兵的立足点和出发点。在此基础上,还需要从三个方面身体力行,落实到位。一是思想意志上的一致,上下一心,与众同好,与众同恶,只有平时体恤"得其心",才能到临战之际"得其死力"。二是日常生活上的一致,例如"寒暑与均,劳役与齐,饥渴与同"(《百子金丹》卷四),"非独患难时同滋味,平处时亦要同滋味"(《纪效新书》)等等。三是战场上生死相依,作战时与士兵安危与共,生死与同,遇有危难"则以身先之"。春秋司马穰苴、战国吴起、西汉卫青、南宋岳飞、明朝戚继光等名将,都因此而闻名于世。

相比之下，中国人民解放军的"将情"，堪称前无古人。在解放军的队伍里，"爱兵"不是一两位将领的个人行为，而是整个军队的法定制度和优秀传统。1927年9月，毛泽东在其领导的湘赣边秋收起义部队在三湾改编时，就提出了要破除封建雇佣军队管理制度和军阀作风，转而实行官兵平等的民主制度。这一制度包括在部队中取消军官的特权，规定长官不许打骂士兵，官兵在政治上、待遇上平等；在团、营、连三级建立士兵委员会，代表士兵利益，参加部队的行政管理和经济管理。实行军队内部官兵平等、军事民主，是军事史上一个伟大创举，有效保障了官兵特别是广大士兵在军队内部的地位，使他们感到政治上翻了身、精神上得解放、人格上有尊严，自己成为军队的主人。毛泽东在当时给中共中央的报告中指出："红军的物质生活如此菲薄，战斗如此频繁，仍能维持不败，除党的作用外，就是靠实行军队内的民主主义。""同样一个兵，昨天在敌军不勇敢，今天在红军很勇敢，就是民主主义的影响。"从此，实行军队内部平等和民主成为解放军一项重要建军原则和区别于其他军队的本质特征之一，成为解放军团结巩固的重要基础。

2019年3月22日发表过一篇题为《贺龙元帅带兵：官兵一样，有盐同咸》的文章纪念贺龙元帅诞辰123周年，其中几桩贺龙元帅爱兵如子的故事生动感人，估计即使以爱兵而著名的吴起看了这些故事也会自愧不如。兹节录其中一些精彩的文字。

贺龙元帅在士兵中建立的崇高威望，靠的不仅仅是卓越的军事才能，还有他官兵一致，爱兵如子的实践。"要用兵，就要爱兵"，这是贺龙元帅带兵的基本原则。

1928年冬，部队来到湘鄂边的高山峻岭之中，冰天雪地，寒风刺骨。贺龙和战士们一样，一身单衣，一双草鞋，几天吃不上一粒盐，喝不上一口稀粥。有一次，炊事员想方设法弄到手指大一点盐巴，给贺龙同志专炒了一碗有盐的辣子。贺龙尝了一口，知道是炊事员专给他做的，便将那碗辣子倒进大锅里。炊事员上前阻拦，贺龙微笑着说："我们官兵一样，有盐同咸嘛！"

长征途中，在翻越哈巴雪山时，贺龙率领前卫四师攀援而上。在他的鼓舞下，大部分队伍胜利地越过了山垭口，向雪线下走去。大家都十分疲惫，贺龙也是一样。可是，当他发现还有不少同志掉在后面时，他又带上警卫员，牵着牲口，再次向垭口爬去。他找到困在雪窝里的战士，让伤病员坐在骡背上，自己牵起缰绳，领着战士们向垭口前进。傍晚时，部队在山腰宿营，贺龙在宿营区查看战士们的休息情况。他发现不远的雪地上躺着一个人，原来是一名战士晕倒了。贺龙解开衣扣把他搂在怀里，向临时的军团指挥部住处奔去。一进指挥部，贺龙就喊传令兵"拿水来！"传令兵知道贺龙要的是热水，可是在这冰雪世界，哪里来的热水呢？传令兵束手无策，只好如实告诉首长。贺龙从外面抓了一把雪塞进嘴里，等雪融化了，变热了再喂到战士口中。战士苏醒后，贺龙一边安慰战士，一边打开自己的被子，把战士放进被窝。随后，自己也挨着战士躺下来，给对方增加热量。可是，战士病得太重，没有等到天明，就在老总身边与世长辞了。第二天拂晓，贺龙对身边的人说："你们去把这个同志的籍贯、姓名、所在连队查一查，记下来，等革命胜利了，也好告诉他的家乡亲人，他是在雪山上牺牲的！"贺龙同大家一起，把战士的遗体抬到一座高坡上，扒开积雪，放进雪窝，然后用积雪掩埋好。贺龙亲自捧来一捧雪，撒在上面，脱掉军帽，向战友告别。

红军过川西草地时，粮食供给几乎断绝。饥饿、寒冷、缺氧，加上时雨时雪的恶劣天气使战士们身体虚弱，伤病员增多，许多同志牺牲了，贺龙心如刀绞。为了使部队渡过难关，他把自己节省下来的炒面全部分给了战士，将别的部队支援的牦牛肉也让给了伤病员。贺龙还和战士们一起挖野菜、掘草根、抓鱼、抓青蛙、抓蚂蚱等。当连野菜草根都很难找到时，他又号召大家寻找前面部队丢下的马骨头和牛皮，并且亲自教战士们煮皮带和皮鞋。为了抓鱼，贺龙亲自动手制作了一根钓鱼竿，他是有名的钓鱼能手，几乎"竿无虚发"。有一次，贺龙一大清早就出去钓鱼，夕阳西下才回来，钓的鱼装了半个口袋，足有几十斤重。回到宿营地，他把装鱼的口袋交给了司务长。司务长烧了满满一大锅鲜鱼野菜汤。开饭时，贺龙走过来，亲自为大家分鱼汤。副政委、通信员、警卫员、炊事员……每人都分了一茶缸后才给自己舀一茶缸。他同大家一起席地而坐，一边吃一边乐呵呵地说："味道还真鲜哩！要是再放点盐进去，我看长沙城里的'三鲜汤'也没有这汤味道好呀！"逗得大家哈哈大笑。

新中国成立后，有一次贺龙到青岛海军学校视察。一进校门，贺龙见仪仗队正等候检阅，他不管这些，亲切地走向仪仗队，笑眯眯地同大家握手，拉家常，使本来威武严肃的仪仗队一下子变得活跃起来。事后，贺龙微笑着说："你们要那样做，我就用这套办法对付。"中午时分，贺龙见师生们在院子里围成一个圆圈吃饭，便走过去，说："给我一个碗，我就在这里和你们一起吃。"这时，一位前苏联高级顾问看见了，提意见说:"你是国家元帅、副总理,怎么能和战士蹲在一起吃饭呢?这在我们苏联是不允许的。"贺龙听罢,笑笑说:"这是我军的传统。"

在解放军发展历史上,像贺龙元帅这种对基层官兵怀有深厚感情,把爱兵落实到行动上的将领不胜枚举,这无疑是解放军具有强大的向心力、凝聚力、战斗力的关键原因。

遗憾的是,在长期的和平环境中极少数解放军将领背离了这种优良传统,"将情"取向发生严重偏移,由"爱兵如子"转变为"贪钱好利",贪污腐化,买官鬻爵,侵吞基层官兵利益,严重败坏了军队的传统作风,折损了军队在人民群众中的形象。幸运的是,党中央及时整顿作风,严惩腐败,清除了一大批军队里的"蛀虫",纯洁了解放军的队伍,恢复了优良传统。

无论任何时代,将领必须对基层官兵怀有真情,真心实意、细致入微地关心关爱,这是为将之道永恒的主题。毫无疑问,这也是各界领导者在管理工作中增强团队凝聚力、向心力的基础和前提。

(二十一)威令:善将者立威,令必行且法必依

【原文】

夫一人之身,百万之众,束肩敛息,重足俯听,莫敢仰视者,法制使然也。若乃上无刑罚,下无礼义,虽贵有天下,富有四海,而不能自免者,桀、纣之类也。夫以匹夫之刑令以赏罚,而人不能逆其命者,孙武、穰苴之类也。故令不可轻,势不可通。

【译文】

一个将帅，能统率百万之众，使他们耸户屏息，俯首听命，无人敢抬头直视，这就是法令的作用。如果上级没有刑罚，下级不讲礼义，纵然贵为天子，富有四海，也难逃自我灭亡的命运，最终落得像夏桀、商纣一样的下场。而将领虽然出身平凡，只要严格以法令为依据，行施赏罚，也没有人敢违抗其命令，如孙武、司马穰苴就是这样的人。因此法令不可轻视，将帅的威势不可逆反。

【新解】

所谓"威令"，即政令、军令。《管子·牧民》："不明鬼神，则陋民不悟；不祗山川，则威令不闻。"言下之意是，对于王朝时代的人君而言，只有通过明确鬼神之存在，祭祀山川之神灵，才能更好地教化民众，推行政令、军令。本篇以"威令"为名，核心议题聚集于从严治军问题。作者从正反两方面对比了有法不依和从严治军的效果，并且分别以夏桀、商纣、孙武、司马穰苴等人为参照，最终得出结论："令不可轻，势不可逆。"这是全文的核心观点，也是从严治军的有效方法，更是确保将领麾下"百万之众，束肩敛息，重足俯听，莫敢仰视"的基本途径。应当说，这一观点明确反映了诸葛亮的基本主张，也是诸葛亮从严治军的真实写照。在我国历史上，流传着许多执法严明的佳话，如司马穰苴怒斩庄贾并刀劈齐景公"车之左骖、马之左骖"、诸葛亮挥泪斩马谡并自贬三职等等。还有一则有趣的故事，则是曹操割发代首。

曹操深通兵法，曾熟读孙武、吴起等前代军事家的著作，并且是为《孙子兵法》作注的第一人。史称他"行军用师，大较依孙吴之法，而因事设奇，谲敌制胜，变化如神"。曹操也善于带兵，他治军严整，法令严明，这一点在《通典·兵典》中收录的《魏武军令》《魏武船战令》《魏武步战令》等文献中得到了充分体现。曹操不仅强调军令的明确性，更是身体力行地遵行军令。

据《三国演义》记载，曹操一次行军时，正是麦子成熟的季节，百姓因惧怕官兵过境，纷纷躲藏，不敢收割麦子。曹操下令"大小将校，凡过麦田，但有践踏者，并皆斩首"。于是，一旦遇到麦地，骑兵们纷纷下马，以手轻扶麦秆，谨慎地一步步踏过，无一人胆敢违令践踏。老百姓看见了，无不交口称赞。众多百姓望着官军远去的背影，甚至跪倒在地，以示感激与敬拜。

有一天，曹操正骑马行进，忽然，田野里飞起一只鸟儿，惊吓了他的坐骑。那匹马一下子蹿入麦田中，踏坏了一片庄稼。曹操叫来随行的官员，要求惩治自己践踏麦田的罪行。官员说："怎么能给丞相治罪呢？"曹操斩钉截铁地说："我亲口说的话都不遵守，还会有谁心甘情愿地遵守呢？一个不守信用的人，怎么能统领成千上万的士兵呢？"随即抽出腰间的佩剑要自刎，众人连忙拦住。这时，大臣郭嘉说："古书《春秋》上说，法不加于尊。丞相统领大军，重任在身，怎么能自杀呢？"众人也同声附和，请求丞相法外开恩。于是，曹操就挥剑割断自己的头发说："那么，我就割掉头发代替我的头吧。"接着，他又派人传令三军：丞相践踏麦田，本该斩首示众，因为肩负重任，所以割掉头发替罪。

在现代人的观念中，剪头发是件再平常不过的事情。古人则不然，他们认为"身体发肤，受之父母，不敢毁伤，孝之始也"(《孝经·开宗明义章》)。随便割发不仅大逆不道,而且还是不孝的表现。曹操作为封建社会的政治家,能够割发代首,严于律己,实属难能可贵。

《三国演义》称曹操"子治世之能臣,乱世之奸雄也"。"奸雄"一词褒贬相掺,指明他是一个有野心和善权谋的人。"割发代首"虽不乏作秀之嫌,但在客观上却彰显了依法治军、从严治军的必要性和重要性。

"令不可轻,势不可逆。"除了强调严格依法治军外,还有一层内涵值得重视。"轻"不仅指轻视,还有轻率之意。"令不可轻",可以理解为法令法规不要轻率颁布,一旦颁布,就应是最紧要、最简单易行的,而且必须坚决执行、长期贯彻。如果频繁出台不同法令法规,多而易滥,那么反而会削弱法律的效力,等同于无法可依。"逆"不仅指逆反,也有反复之意。朝令夕改,反复下发各种规章制度,很可能互相冲突、彼此矛盾,其结果也是有法难依。这些都是现实各领域管理中经常见到的现象,值得高度警惕。

(二十二)东夷:东部民族特性及其应对的策略

【原文】

东夷之性,薄礼少义,捍急能斗,依山堑海,凭险自固,上下和睦,百姓安乐,未可图也。若上乱下离,则可以行间,间起则隙生,隙生则修德以来之,固甲兵而击之,其势必克也。

【译文】

东夷人的特性,轻视礼教,不重视道义,生性强悍、急躁而好斗，他们以山为屏障，以江河为掩护，凭着险要的地形，得以固守，内部上下和睦，百姓安居乐业，不可图取。如果他们上层发生动乱，群众离心离德，则可以进行离间，离间能使他们产生矛盾，敌人有矛盾我们就可用德政去招抚，同时用武力去进攻，这样就一定能战胜他们。

【新解】

此前46篇主要是从战略战术层面分析战略决策、谋略运用、作战指挥、为将之道、带兵艺术等方面的原则和要求。本篇及后3篇则是根据《隆中对》的战略构想，分别探讨了针对不同战略方向、不同民族的斗争策略。

东夷，是夏商时期对淮河流域下游居民的总称，周朝时则变成古汉族对东方非华夏族的泛称。秦汉以后多指居住于中国东方的朝鲜半岛、日本列岛及琉球群岛等地的诸民族或中国东北的少数民族。不同时期，东夷所指的概念不同。本篇所言之"东夷"，应当主要指东南沿海一带民族。作者突出了他们"薄礼少义""悍急能斗"和"凭险自固"三个特征，并提出两种对策。一是当他们"上下和睦，百姓安乐"时，"未可图也"；二是待他们"上乱下离"时，可对他们分化瓦解，用德政招抚，以强兵进攻，才能收伏他们。对照诸葛亮一生的思想和实践来看，这些分析和对策，部分地反映了他对东吴的战略筹划和斗争艺术。

建安十二年（公元207年），诸葛亮与刘备在隆中对话时，针对东吴提出的基本策略是："孙权占据江东，已经历了父兄两代的经营，民众拥戴，又任用了有才能的人，我们只可以把他作为外援来依靠，但是不可谋取他。""隆中对"作为立足战略，并未轻率地考虑吞并东吴，而是明确以东吴为战略同盟，尽力笼络和依靠。此后，诸葛亮先后三次对东吴实施了有重要影响的外交斡旋。

第一次是建安十三年（公元208年），刘备兵败退至江夏，局势危急。诸葛亮建议刘备找孙权求救。于是，诸葛亮作为刘备的使者随同鲁肃到柴桑去会见孙权。当时孙权正在坐山观虎斗，对是否介入刘备与曹操的争斗犹豫不决。诸葛亮拜会孙权时，分析形势，晓以利害，他指出海内大乱，孙权起兵占据江东，刘备在汉水以南聚集部队，与曹操共争天下。当今曹操铲削群雄，攻破荆州，威震四海。英雄已没有用武之地。所以刘备逃到江夏，希望孙权度量自己的力量而决定对策。如果孙权能用江东的兵众与曹操的军队抗衡，不如及早与曹操断绝来往；如果不能，则不如放下兵器捆束铠甲，向曹操称臣投降！然而孙权表面上臣服曹操，内心却犹豫不决，事情紧急而不作决断，这将导致大祸临头！这一番分析，让孙权如坐针毡。孙权表示他不愿整个吴地和十万将士受制于人，并已下定决心，但他又担忧刘备刚遭到失败，抵抗不了强大的敌人。针对孙权的疑虑，诸葛亮阐述了刘备的实力，他指出，刘备虽然兵败于长阪，但仍有精兵万人，且刘琦在江夏召集的将士，也不少于万人。曹操的军队远道而来，疲惫不堪，听说他追赶刘备时，轻装骑兵一昼夜走三百余里路，正是"强弩之末，势不能穿鲁缟"者也。况且北方之人不熟习水战，此外，荆州归附曹操的百姓，不过是被曹操的大军所逼迫，并不是从心里服从。如果孙权能命令猛将率领将士数万，与刘备同心协力，一定可以击败曹操的军队。曹操失败，退回北方，这样荆州、吴地的势力就会增强，天下三足鼎立的形势就会形成。诸葛亮慷慨激昂的言辞，有理有据，孙权听后大受鼓舞，欣然同意与刘备联手对抗曹操。这是诸葛亮亲自出马参加的一次具有历史意义的外交斡旋，为后来蜀与魏、吴鼎足之势的形成，奠定了坚实的基础。

　　第二次是章武三年（公元223年）春，刘备于永安病故，刘禅继位，改年号建兴元年（公元223年）。此时，吴国继续向魏国称臣，尚未拿定主意怎样对待蜀国，而且陈兵于吴蜀边境。正当诸葛亮深虑孙权获悉刘备去世消息会有其他考虑时，尚书邓芝前来拜见，提议刘禅幼弱，刚刚即位，应派遣使节重申对吴和好。诸葛亮表示，他考虑这个问题很久，没有找到合适的使者人选，直到邓芝求见，发现他是最合适的人选，于是，派邓芝去东吴与孙权修好。事实证明诸葛亮的判断是准确的，孙权果然心存疑虑，接见邓芝时表示虽然愿与蜀国和好，但担心蜀主幼弱，国小力单，一旦被魏国钻了空子，便不能保全自己。邓芝则劝说道，孙权是当世英雄，诸葛亮是一代豪杰。蜀国有山川之险，东吴有三江之固，双方优势结合，两国像唇齿一样，相依相伴，进可以兼并天下，退可以与魏鼎足而立。倘若孙权委身侍奉魏国，魏国必然要求其入朝朝拜，要求太子作人质，如不从命，则可能以反叛为借口派兵讨伐。届时，蜀国也必然顺流而下，利用可乘之机发动进攻，这样，江南之地恐怕就不再属孙权所有。孙权认同了邓芝的说法，于是和魏国断绝关系，与蜀国和好。建兴二年（公元224年），孙权派张温到蜀国回访。从此，两国使者往来不断，通报情况，传递书信。后来，蜀国再次派邓芝访吴，双方坦诚交流意见。孙权称赞邓芝，"和合二国，唯有邓芝"。事实表明，刘备去世后，诸葛亮坚持联吴抗魏战略是非常明智的。

　　第三次是建兴七年（公元229年）夏，吴王孙权称帝并通报蜀国后。蜀国的大臣们认为吴王与正统的汉帝不应当平起平坐,名号体制不顺,应该跟他们断绝友好盟约,以显示正统和道义。诸葛亮却以大局为重,决定继续坚持先帝与吴国结盟的策略。于是派遣陈震前往东吴,祝贺孙权称帝。陈震进入吴国后,到各地访问,会见众多官员,重申双方友好结盟的初衷,并将这一关系提高到新的高度,宣传双方共同决心讨贼,坚信没有不能消灭的敌人。陈震到了武昌,孙权与陈震"升坛歃盟",约定将来交分天下:以徐、豫、幽、青属吴,并、凉、冀、兖属蜀,其司州之土,以函谷关为界。诸葛亮在危急关头,力排众议,再次以巧妙的外交斡旋遏制了分离,巩固了双方的战略伙伴关系。

(二十三)南蛮:南方民族特性及其应对的策略

【原文】

南蛮多种,性不能教,连合朋党,失意则相攻,居洞依山,或聚或散,西至昆仑,东至洋海,海产奇货,敌人贪而勇战,春夏多疾疫,利在疾战,不可久师也。

【译文】

南蛮种族很多,本性顽固不化,部落之间聚党结朋,合不来就互相攻击。他们多在山洞居住,有的分散,有的集中,西到昆仑山,东到大海,他们拥有海珍奇货,所以大多贪利好战。那里春夏间有瘟疫流行,对他们适于速战速决,不能长期驻扎作战。

【新解】

"南蛮"一词，源自先秦时期，是对当时居住在南方的非华夏民族的泛称之一。南蛮的民族构成相当复杂，大体可分为百越、百濮与巴蜀三大族系。百越族系分布于长江以南的广大地区，百濮族系分布于今湖南、贵州一带，巴蜀族系分布于今四川、重庆一带。根据史书记载，再结合当今少数民族的文化分布情况来看，诸葛亮当年所指的南蛮，实际上指居住于广西、云南甚至还要再往南地区的非华夏民族。这些少数民族以苗族、彝族、壮族为主。本篇以"南蛮"为名，意味着主要探讨的是西蜀以南地区少数民族。作者分析南蛮民族有四大特点：一是族群较多且不易教化，二是爱结朋党却又失意则相攻，三是居洞依山且聚分不定，四是为人贪心却又勇敢善战。针对这些特性，作者认为，对南蛮应该速战速决，而不能打持久战。从诸葛亮七擒孟获的经历来看，作者对南蛮民族特性的概括和提出的相应对策，在很大程度上还是言之有理的。

"七擒孟获"一事，裴松之注《三国志·蜀书·诸葛亮传》，引东晋习凿齿《汉晋春秋》："亮至南中，所在战捷。闻孟获者，为夷、汉所服，募生致之。既得，使观于营阵之间，问曰'此军何如？'获对曰'向者不知虚实，故败。今蒙赐观看营阵，若只如此，即定易胜耳。'亮笑，纵使更战，七纵七擒，而亮犹遣获。获止不去，曰：'公，天威也，南人不复反矣。'遂至滇池。"此外，《华阳国志》中也记载了此事。后来的史籍多添枝加叶，有的书籍和文章中还一一指出七擒的地点及其经过，一些戏曲作品更是肆意渲染。《三国演义》从第八十七回"征南寇丞相大兴师"到第九十回"烧藤甲七擒孟获"，用了整整4回的篇幅来描述这件事，几乎将其塑造成了一段不朽的传奇。

一些学者对此提出了质疑。主要疑点有两处：一是陈寿的《三国志》中并没有记载此事；二是诸葛亮南征后，南方多次出现叛乱情况，并非"不复反"。四川大学缪钺教授说："对于孟获的七擒七纵，是不合情理的，所谓'南人不复反'，也是不合事实的。当时传说，不免有夸大溢美之处"。云南大学方国瑜先生认为："民间传说记载于志书更多附会，不值得辩论。推测诸葛亮追击孟获，连战连进七次，始被消灭。孟获投降不杀，后来附会为七纵七擒，捏造史实。"

由于诸葛亮南征的历史记载简略，双方交战情况不详，"七擒孟获"的真伪难以详考。但总体看，此事应该不是空穴来风。建兴三年（公元225年），诸葛亮南征。马谡在送别时说，南中倚恃其地势险远，不服已久，即使今天征服它，明天还会叛变。杀尽所有叛乱者的方法，既不仁德，又不能根除后患。"夫用兵之道，攻心为上，攻城为下，心战为上，兵战为下，愿公服其心而已。"（《资治通鉴·魏纪二》）诸葛亮对马谡十分器重，基本上采纳了其攻心之策。从力量对比来看，孟获远非诸葛亮对手，为了攻心，几擒几纵还是有可能性的。正如缪钺教授所言，七次擒纵显然夸大了，但一两次是可以的。

《中国战争史》中分析诸葛亮南征时所率蜀军大约2-3万人。由于南中地区特殊的民族、地理和气候特点，双方的兵力部署均受到限制，无法大规模集结。其实少数民族部族叛乱时其主力部队的人数是比较少的，更多的是依靠鼓动、胁迫当地百姓参与以壮大声势。因此，从战役规模来看，诸葛亮南征只是一场平定偏远地区叛乱的中、小战役，基本采用的是本篇所说的"利在疾战，不可久师"的对策。

平叛之后，诸葛亮为避免"久师"，同时确保南蛮地区的稳定，改施"和夷"政策。首先是撤军。叛乱一经平定，诸葛亮就从南中撤出军队，不留兵，从而缓和并消除了与当地少数民族的矛盾，使"纲纪粗定"，"夷汉粗安"。(《资治通鉴》) 其次，尽量任用当地有影响的人物做官主事。如任命李恢、王伉、吕凯为南中诸郡守，孟获为御史中丞等等，通过他们来加强蜀汉在南蛮地区的统治。再次，诸葛亮还针对"性不能教"的特性，注意南蛮地区的经济开发，从内地引入了比较先进的生产技术，如牛耕等，以改变当地落后的刀耕火种的方法，提高了这一地区的农业生产力，从而吸引了许多原以狩猎为生的少数民族"渐去山林，徒居平地，建城邑，务农桑"(《南诏通记》)，走向定居的农业社会。开发南蛮也给蜀汉政府增加了大量收入，"军资所出，国以富饶"(《三国志》)。诸葛亮镇抚南蛮的成功，解除了蜀汉的后顾之忧，并从中得到物力和人力的支持，使他可以专心对付曹魏，拉开了北伐曹魏的序幕。

（二十四）西戎：西部民族特性及其应对的策略

【原文】

西戎之性，勇悍好利，或城居，或野处，米粮少，金贝多，故人勇战斗，难败。自碛石以西，诸戎种繁，地广形险，俗负强很，故人多不臣，当候之以外衅，伺之以内乱，则可破矣。

【译文】

西戎人的性格特点，勇猛强悍而且好利。有的住在城里，有的住在野外，粮食少，金银财宝多，所以人人都勇于作战，很难打败他们。自碛石向西，种族部落繁多，地域广阔，地形险要，人们习惯于恃强行凶，这里的人多桀骜不驯。应等到他们遭受外族入侵，内部发生动乱时，才可以打败他们。

【新解】

西戎，是中国古代对居住在今陕西、甘肃、宁夏等西北地区的非华夏部落的总称。从西周到战国，主要是指氐、羌系各部落，以允姓之戎、姜氏之戎、犬戎最为有名。秦汉以后，狭义是指氐、羌诸部，广义包括西部各民族。本篇所指"西戎"，主要为西部民族。作者归纳了西部民族的两大特性，一是"勇悍好利"，二是"人多不臣"，凸显出"戎"族的典型特征。《风俗通义》说："戎者，凶也。"《说文》亦解释："戎，兵。"关于这些特性的成因，作者归纳为三点：其一，族群散居城市和乡野；其二，地贫粮少却多金银财宝；其三，种族繁多又彼此争斗。三者综合起来，形成了西戎的民族特性，再加上"地广形险"的地理条件，治理难度极大。所以，作者提出的对策是"候之以外衅，伺之以内乱"。这一对策与《隆中对》的思路基本一致。

诸葛亮在《隆中对》中提出的战略规划是："将军既帝室之胄，信义著于四海，总揽英雄，思贤如渴，若跨有荆、益，保其岩阻，西和诸戎，南抚夷越，外结好孙权，内修政理，天下有变，则命一上将将荆州之军以向宛、洛，将军身率益州之众出于秦川，百姓孰敢不箪食壶浆，以迎将军者乎？诚如是，则霸业可成，汉室可兴矣。"其中"西和诸戎"，就是指与西部的各个民族和好，为刘备谋求霸业提供侧翼安全保障。

（二十五）北狄：北方民族特性及其应对的策略

【原文】

北狄居无城郭，随逐水草，势利则南侵，势失则北遁，长山广碛，足以自卫，饥则捕兽饮乳，寒则寝皮服裘，奔走射猎，以杀为务，未可以道德怀之，未可以兵戎服之。汉不与战，其略有三：汉卒且耕且战，故疲而怯，虏但牧猎，故逸而勇，以疲敌逸，以怯敌勇，不相当也，此不可战一也。汉长于步，日驰百里，虏长于骑，日乃倍之，汉逐虏则赍粮负甲而随之，虏逐汉则驱疾骑而运之，运负之势已殊，走逐之形不等，此不可战二也。汉战多步，虏战多骑，争地形之势，则骑疾于步，迟疾势县，此不可战三也。不得已，则莫若守边。守边之道，拣良将而任之，训锐士而御之，广营田而实之，设烽堠而待之，候其虚而乘之，因其衰而取之，所谓资不费而寇自除矣，人不疲而虏自宽①矣。

【注释】

①宽：使松缓。

【译文】

北狄人没有城池，哪里有水草，他们就到哪里居住。形势有利他们就向南侵犯，形势不利他们就往北逃窜。众多的山岭，辽阔的沙漠，使他们足以自卫。饥饿时，他们就捕食野兽，饮牛羊奶为生；寒冷时，他们就睡兽皮，穿皮衣，四处游牧，以狩猎野兽为职业，既不能用仁德道义来安抚他们，也不能用武力来征服他们。汉军不能与他们作战，原因有三个方面：汉军士卒边种田边打仗,所以十分疲惫胆怯,北狄人过着游牧生活,所以安逸而勇敢。以疲劳的士卒对付精力充沛的敌人,以怯懦的士兵对付勇敢的敌人,力量是不对等的,这是不可战的第一个原因。汉军善于步行,日行百里,北狄人擅长骑马,每天行军速度是汉军的几倍。汉军追逐北狄人需要随身携带粮食和武器,而北狄人追逐汉军则是驱使快马驮运,驮运与背负优劣已很悬殊,这运输与行军上的差距,是不可作战的第二个原因。汉军作战多用步兵,北狄作战多用骑兵,争夺有利地形,骑兵快于步兵,速度相差悬殊,这是不可战的第三个原因。如果不得不与之对抗的话,汉军不如守好边防。守边的办法是,挑选良将委以重任,训练精锐的部队来进行防御,多种地囤粮补充供给,多筑烽火台来警戒,乘空虚时袭击他们,乘衰弱时攻取他们,这就是所谓的不耗费资财而敌寇自除,不用劳师动众而敌情自解的办法。

【新解】

北狄这一称谓,原本是指古代的狄族,因其主要聚居地位于北方而得名。狄,在历史文献中可追溯至商代的鬼方,有观点认为鬼方即后来周代的赤狄人。到了周朝时期,北方的非华夏部落统一被称为狄。随着历史的演进,到了战国末年及秦汉以后,当提及"北狄"时,通常专指匈奴。此后,"北狄"一词逐渐泛化,成为对北方各少数民族的通称。本篇题名为"北狄",意在探讨的是北方游牧民族的相关内容。

作者首先分析了北方游牧民族的特性,一是居无定所,随逐水草;二是形势有利他们就向南侵犯,形势不利他们就往北逃窜;三是众多的山岭和辽阔的沙漠,使他们足以自卫;四是饥饿时捕食野兽，饮牛羊奶为生，寒冷时就睡兽皮，穿皮衣；五是四处游猎，以狩猎野兽为职业；六是既不能用仁德道义安抚他们，也难以用武力征服他们。总之，无论地理形势、生活习惯、文化程度、作战方式，还是脾气性格，都与中原民族相差很大。正因为如此，作者认为中原汉民族不宜与北狄正面作战。其原因有三：首先，军人素质相差较大。汉军士卒亦兵亦民，平时务家，战时出征，所以十分疲惫而且胆怯，北狄人全民皆兵，过着游牧生活，所以安逸而勇敢。以疲劳的士卒对付精力充沛的敌人，以怯懦的士兵对付勇敢的敌人，力量是不对等的。其次，军队行动方式大不一样。汉军善于步行，日行百里；北狄人擅长骑马，每天行军速度是汉军的几倍。汉军追逐他们需要随身携带粮食和武器，而北狄人追逐汉军则是驱使快马驮运，背负与驮运优劣已很悬殊。再次，作战方式极不对称。汉军作战多用步兵，北狄作战多用骑兵，争夺有利地形，骑兵快于步兵，速度相差悬殊。无怪乎，现在有些专家认为，游牧民族不学兵法也能打败汉民族军队。但是，游牧民族居无定所、游猎为生的习性，又决定了他们战术性的胜利，往往难以转化成战略性的成果。有鉴于此，作者认为对付北狄最好的办法"莫若守边"，以固守对进攻、以持久对速决、以不战待其衰。如此，方能不耗费资财而敌寇自除，不用劳师动众而敌情自解，从战略上做到不战而屈人之兵。

"莫若守边"与"西和诸戎"一样，都在一定程度上反映了诸葛亮的战略思想。他有生之年致力于复兴汉室，眼中的对手主要是北魏与东吴，几乎无暇他顾，所以对周边其他势力只求"信义著于四海"，以"和"与"抚"的方式，维持相对稳定的关系，以便集中精力对付主要对手。魏晋南北朝时代是匈奴在中国的最后一段历史，之后匈奴政权不见于史册，其族民大多数都与中原汉族混合杂居并改变姓氏，比如呼延氏、刘氏、乔氏、卜氏等，这也证明本篇所提出的策略是正确的。

三

"将道"与识人用人为人艺术

所谓"将苑",意为有关为将之道的思想观点荟萃的地方,类似于文苑、艺苑等等。

《六韬》中有言:"故兵者,国之大事,存亡之道,命在于将。"充分说明将领在国家安全、战争胜负中至关重要的地位和作用。整部中国古代军事史,在很大程度上以将帅兴衰成败为基本脉络。数千年的战争史上,名将可以说是群星灿烂,战绩辉煌,他们导演了一幕幕波澜壮阔的战争话剧,编写了许多流芳千古的英雄故事,留下了宝贵而丰富的经验教训。然而,在浩瀚的兵书海洋中,专门研究为将之道的兵书并不多。最先为名将立传的是西汉司马迁,他的《史记》中《孙吴列传》等军事人物传记,至今仍是脍炙人口的将帅名篇。司马迁为名将立传,具有发凡起例的作用,以后的各代正史均沿袭此例,设有名将传记。但是专门集中研究将领事迹的兵书直到宋代才出现。现存最早的名将传书是宋朝张预的《百将传》,该书资料辑自十七部正史,故又称《十七部百将传》。《百将传》问世后即受到社会的重视,因为它寓将帅修养和兵法于故事之中,可读性强,适于将士及各阶层人士阅读。继张预之后,又有宋章颖的《南渡十将传》《六将传》《四将传》,明何乔新的《百将传续编》,黄道周的《广名将传》,清尹于皇的《百将全传》等兵书相继问世。《将苑》大致也产生于这一时期,最早见于南宋尤袤的《遂初堂书目》,题作《诸葛亮将苑》。中国兵书史上有一种现象,就是伪托之作多托名于先圣先贤。由于诸葛亮被兵家当作智慧的化身,所以,正如《四库总目提要》说的:"盖宋以来兵家之书,多托于亮"。各种书目著录诸葛亮撰的兵书就有二十余种,如《火龙经》《武侯奇书》等等,这些兵书究竟哪些是诸葛亮的作品,有待进一步考证。从内容上看,《将苑》主要博采《孙子兵法》《吴子》《尉缭子》《六韬》《三略》《左传》等兵书史籍中论将之道的妙语，鲜有诸葛亮本人的事迹和言论，托名的可能性极大。该书在宋代称为《将苑》或《诸葛亮将苑》，明代则称为《心书》《诸葛武侯心书》《新书》等。之所以更名为"心书"，盖因其特点与上述几部名将传大不相同。《将苑》并不关注将领统军作战的具体故事，而是侧重于从思想理论上论述为将之道，尤其注重从心理层面分析将领的心理和意志，分门别类阐述识将、选将、拜将、用将、驭将、育将以及将德、将才、将威、将志、将诫、将权、将器、将刚、将情、将骄、将善、将弊等方面的原则和方法，全书言简意赅，自成体系，是中国古代唯一一本从理论上研究为将之道的兵书。尽管此书究竟是不是诸葛亮亲自撰写尚难以考证，但其中辑录的先秦兵家论述为将之道的经典名言，以及作者本人的理性思考，仍然具有独特的学术价值、思想价值和研究价值，尤其是对于我们今天如何培养杰出人才，如何识别、选拔和重用各种优秀人才，均有很强的借鉴意义。

（一）识将之道，重在察实

人才发展史，在几千年的中华文明发展史中占有重要的历史地位。春秋战国时期的历史便是明证，当时天下大乱，战争频发。各诸侯国在互相倾轧的同时，也竞相招揽人才。春秋五霸也好，战国七雄也罢，称雄称霸的背后其实都是人才的竞争。战国时期，齐威王与魏惠王在一次围猎中有一段精彩的对话。魏惠王问："齐国有宝贝吗？"齐威王说没有。魏惠王说："我国国土虽小，却有直径一寸大的珍珠十颗，每颗珍珠的光芒足以照亮前后各十二辆车的距离。齐国是大国，就没有珍宝吗？"齐王说："我所认为的珍宝和你的不一样。我有个大臣叫檀子，派他守南城，楚国人不敢入侵；有个臣子叫盼子，派他守高塘，赵国人就不敢到黄河来打鱼；有个官吏叫黔夫，他负责守卫徐州，燕国人对着徐州的北门祭祀求福，赵国人则对着西门祭祀求福，跟随他而迁移的百姓有七千多家；我有个臣子叫钟首，让他负责治安，百姓可以路不拾遗，夜不闭户。像这样的珍宝，其光泽可远照千里，何止照亮十二辆车子呢。"齐威王此言，虽然体现出对人才的高度重视，但是远不如孙子站位高。孙子曾说："知兵之将，生民之司命，国家安危之主也。"（《孙子兵法·作战篇》）杰出的军事人才是国之存亡、民之生死的主宰者。《将苑》继承了孙子的这一观点，一开篇就直击兵权问题，认为对于掌握国之存亡、民之死生的将领，应当赋予他们绝对的权威，才有利于他们统军作战。将领如此重要，对他们的选拔自然不能等闲视之，首先面临的问题是如何识别将才。

1. 识将的前提

《史记》中说："置将不善，一败涂地。"任何一个群体，往往都是鱼龙混杂，良莠不一。要想挑选出优秀的将才，首先必须净化人才环境，驱除那些邪恶之徒，才能让真正的人才脱颖而出。为此，《逐恶》中明确提出，不论是治军还是理国，有五种人需要加以防范，他们是导致国家、军队混乱的祸害。一是私结朋党，搞小团体，诋毁贤能，诬陷忠良的人；二是在衣服上奢侈、浪费，穿戴与众不同的帽子、束带，虚荣心重、哗众取宠的人；三是不切实际地夸大蛊惑民众，制造谣言欺诈视听的人；四是专门搬弄是非，为了自己的私利而兴师动众的人；五是非常在意自己的个人得失，暗中与敌人勾结在一起的人。这五种虚伪奸诈、德行败坏的小人,对他们只能远离而不可亲近。

2. 识将的方法

但是,奸邪之人往往非常善于伪装,有的外貌温良却行为奸诈,有的情态恭谦却心怀欺骗,有的看上去很勇敢而实际上却很怯懦,有的似乎已竭尽全力但实际上却另有图谋。因此,如何识别其真面目并不是一件容易的事情。为此,作者专列一篇《知人性》,总结出识别人性的七种方法:一曰,间之以是非而观其志;二曰,穷之以辞辩而观其变;三曰,咨之以计谋而观其识;四曰,告之以祸难而观其勇;五曰,醉之以酒而观其性;六曰,临之以利而观其廉;七曰,期之以事而观其信。

这七种识人的方法非常实用,它们从不同角度、不同场合,运用不同方法,着重考察人性、人品、人情。这些考察并非一蹴而就,而是分阶段、有重点地在一定时期内逐步考察。那些虚伪奸诈之人,伪装得了一时,伪装不了长久,在这七法综合审视之下,必将原形毕露。优秀将才经过这七法的辨别,更值得信任和重用。

(二)选将之道,务在精选

驱除小人、远离恶人的同时,还必须精选优秀的将才。芸芸众生,小人、恶人毕竟是极少数,但是优秀的将才也为数不多,必须多方寻找,精心选择。

1. 选将的标准

《将材》根据将领不同的才能特点,把将领分为九种类型,实际上也是明确了选将的标准。用自己的德行教化部下,用礼法规范部下的行为，对部下关怀备至、嘘寒问暖，与部下同甘共苦，这种将领是仁将。遇到任何事情都不苟且偷安，不被利益所诱惑，宁愿为荣誉献身，也不屈辱求生，这样的将领是义将。身居高位但不盛气凌人，功绩卓著又不骄傲自大，贤德而不清高，谦让比自己地位低的人，个性刚直又能包容他人，这样的将领是礼将。战术运用高深莫测，足智多谋，身处逆境能转祸为福，面临危险又知逢凶化吉，这样的将领是智将。忠诚守信，对有功之人以重赏，对有过之人以重罚，赏罚分明，奖赏时不拖延，惩罚时不避权贵，这样的将领是信将。身手矫捷，冲锋陷阵时能追上战马，气概豪壮，斗志昂扬能胜千夫，善于保卫国家，又擅长剑戟，这样的将领是步将。能亲自登高涉险，骑马射箭快捷如飞，进攻时冲锋在前，撤退时在后面掩护，这样的将领是骑将。气概豪迈，威震三军，雄心勃勃而貌视强敌，对小的战役小心谨慎不马虎，面对强大的敌人则愈战愈勇，这样的将领是猛将。遇见贤者虚心请教，对别人的意见从谏如流，能广开言路，待人宽厚又不失刚直，勇敢果断又善于计谋，这样的将领是大将。这些类型的划分，可能略为生硬。但其基本思想是量才而用，用其所长，这一思想也正是今天所需要坚持的。

2. 任将的等级

作者接着以《将器》一篇，根据将帅气质、气度的不同，本领、作用的差异，提出了六种等级。第一种，如果能察觉他人的奸诈，看到事物潜伏的危害、祸端，被部下信服，这种将领为十夫之将，可以统领十人的队伍。第二种，早起晚睡，整日为公事操劳，言辞谨慎小心，这种将领为百夫之将，可以统领百人的队伍。第三种，为人耿直又深谋远虑，勇猛善战，这样的将领是千夫之将，可以统领千人的队伍。第四种，外表威武，内心蕴藏着丰富的感情，个性光明磊落，能了解别人的努力和辛苦，又能关心他人的饥寒情况，这种将领为万夫之将，可以统领万人的部队。第五种，能提拔和任用贤能之人，处事一天比一天谨慎小心，为人忠诚、可信、宽容、大度，善于驾驭复杂的局面，这样的将领为十万人之将，可以统领十万人的部队。第六种，能以仁爱之心待部下，与部下融洽相处，又能诚信重义使邻国信服，不仅知晓天文地理知识，还善于处理人际关系，放眼四海之内，治家如同治国，治国如同治家，这样的将领是天下之将，可以治理整个天下。

这六种等级的划分严格意义上来说不太严谨，互有交叉，但还是大致能够显示出不同层次将才的特长，强调的是大才大用，小才小用，尽快把合适的人才用到合适的岗位上，避免让有大才的人从低级别职位缓慢晋升。韩信背楚投汉，刚到汉营时，只被任命为连敖，这是一个较低级别的军官职位，后经夏侯婴举荐，被刘邦拜为治粟都尉，成了一名中级军官，受萧何直接领导。后来，萧何又把韩信举荐给刘邦，称其为"国士无双"。刘邦则登坛拜将，拜韩信为大将军，一举超越诸位老将。倘若仍如项羽那样，仅让韩信担任郎中，那么西汉王朝的建立恐怕会成为泡影。现在有些领域的用人机制强调逐级晋升，这很可能磨光了有大用之才的棱角，使他们失去大有作为的良机。《将苑》此篇的观点，无疑值得今人借鉴。

（三）拜将之道，要在立威

有人认为刘邦筑拜将台，举行隆重的拜将仪式，完全是作秀，纯属表面文章。其实，在中国历史上拜将仪式内容重于形式，它实质上是一种集授权、立威、督责于一体的公示大会。春秋末期孙子被吴王拜为将军的同时，便被赋予了西破强楚的重大使命。楚汉相争之际韩信被刘邦拜为大将军的同时，明确的任务是挥师东出。正因为兹事体大，所以《出师》专门记述了古代拜将出征的仪式和流程。

1. 拜将仪式

《出师》记载的拜将仪式大致分为四个步骤。

第一步是国君拜将授权。出征前斋戒三日，出征当天君臣进至太庙告祭列祖列宗，国君面南而站，将帅面北而立，太师双手奉上大斧（权力的象征），国君接过大斧，手持斧柄授给将帅说："从现在开始，部队由您指挥。"

第二步是国君明确任务和要求。国君面对将领说："作战时，见敌人势弱则进击，见敌人实力强固则以退为主。不要因为自己身居高位而看轻别人，也不要因为自己意见独特而听不进部下的意见。不可以凭借自己功绩显赫就失去忠信本分的品质。部下还没有坐下来休息时，身为将帅不能自己先坐下来休息；部下还没有吃饭时，身为将帅也不要首先进餐，应该与部下同寒暑，等劳逸，齐甘苦，均危患，做到了这一切，手下的将士必会竭尽全力，敌人也一定会被打败。"

第三步是将帅宣誓和提出诉求。将帅听完国君的训命后，宣誓效忠。《出师》没有记载将帅宣誓的具体内容，《六韬·立将》却有大致完整的记录。主将接受了国君的任命，然后下拜回答国君："臣曾听说，国家不能够从外部进行治理，驻扎在外的军队，也不应该由朝内来控制。作为臣子如果怀有二心，就不可能忠心耿耿地侍奉国君；作为主将如果心意不定，就不能抵御敌军。臣既然已接受了君命，执掌斧钺，拥有军权，不获胜利不敢留有从战场上生还的念头，但我希望国君您能授予我全部的权力。如果不应允，我就不敢担任主将"这既是宣誓效忠，又是提出自己的诉求。

第四步是将帅率军出征。国君把出征的军队送到北门，对将帅乘用的车马行跪拜礼，并亲手推动车轮说："将在外，不受君命。从今天起，军队中的一切行动都由您来决策。"于是，将帅领兵远去，奔赴沙场。

可以想象，整个仪式过程庄严而又隆重，将士莫不受到鼓舞，莫不以将帅马首是瞻。这样一来，将帅就具有了绝对的权威，也可以使有智谋之人为之献策，使勇敢之人为之效命沙场。

2. 国君教诫

《将诫》可以看作是《出师》的补充。作者以国君告诫将帅的形式，进一步提出对将帅统军作战过程中的一系列具体要求。

一是整个统军作战过程中，要广泛笼络部下人心，严格有关赏罚的规章和纪律，要具备文、武两方面的能力，刚柔并济，精通礼、乐、诗、书，使自己在修身方面达到仁义与智勇兼备的境界。

二是领兵作战时，应让士兵像游鱼潜水一样不出声响，像奔跑中的獭一样突跃飞奔，又快又猛，打乱敌人的阵营，切断敌人的联系，削弱敌人的势力，挥动旌旗以显示自己的威力，撤兵时部队应像大山移动一样稳重、整齐，进兵时则要疾如风雨，彻底地摧毁败军败将，与敌交手则拿出虎一样的猛势。

三是迫近敌人阵地时，还要采取一些计谋。面对紧急情况应该想办法从容不迫，用小恩小惠诱敌进入设置好的圈套之中，想尽办法打乱敌军稳固整齐的阵势，当对方陷入混乱之际，及时把握机会，采取行动以获取优势或赢得胜利；对小心谨慎的敌军要用计使他盲目骄傲起来，用离间术打乱敌军的内部团结；对异常强大的敌人想方设法地削弱他的力量，要使处境危险的敌人感到安宁以麻痹敌人，让忧惧的敌人感到喜悦，使敌人疏忽起来；对投到我军的战俘要以怀柔的政策来对待，要使部下的冤屈有地方申诉，扶持弱者，抑制气势凌人的部下；对有智谋的部下要尽全力亲近他，对巧言令色的小人要坚决打击，获得了战利品要首先分给部下。

四是指挥作战时，还要注意这样几点：如果敌人势弱，就不必用全力去攻击他，也不能因为自己军队力量强大就忽视了敌人，更不能以为自己能力高强就骄傲自大，不能因为自己受宠就到部下那里作威作福。

五是对于整个战事的进行，要先制定详实的计划，要有万全的把握才能领兵出征，不独自享受战场上缴获的财物、布帛，俘虏的敌人也不独自役使。

显而易见，上述五个方面的告诫比《出师》中国君的要求更为具体，更为周全。如果这些要求是平时国君对将帅的训诫，倒也无妨；但如果是在出征之际提出如此众多的要求，则难免与授权、放权理念冲突，反而束缚将帅的手脚。宋王朝军队屡战屡败，其中一个重要原因就是"将从中御"。宋太宗赵光义曾直言不讳："朕选擢将校，先取其循谨而能御下者，勇武次之。"坦言自己选用武将的首要标准就是听话，然后才是勇武。事实上，宋朝晋升武将确实遵循了宋太宗的这一原则，只有老实听话的武将才更有可能升官，有勇有谋、战绩出色却不听指挥的将领反而很难得到提拔。为了让前线武将在作战中服从指挥，宋太宗甚至亲自"以阵图授诸将"，以此遥控指挥前线作战。宋真宗继位后,这种做法更是被进一步强化。当时大臣朱台符就指出"近代动相牵制,不许便宜,兵以奇胜而节制以阵图,事惟变适而指踪以宣命,勇敢无所奋,知谋无所施,是以动而奔北也。"一语道破宋王朝军队屡屡败北的原因。

由此可见,拜将之际授权与督责是一对矛盾,时至今日也是考验领导艺术的一道难题。既要敢于授权,也要明确目标和职责,但要注重简明扼要,直击重点,不宜婆婆妈妈,啰里啰唆,萝卜白菜说上一大筐。那样,反而是束缚人才,让其难以施展才华。

(四)驭将之道,妙在有方

历朝历代,驭将之道是帝王最重要的权谋之一,因为只有驭将才能掌控兵权,才能打赢战争;只有掌控天下兵马,才能执掌天下大权。所以,历朝皇帝最为敏感的政治谋略,是对将帅的驾驭、对于兵权的掌控。但是,这一问题不仅敏感,而且非常复杂,不太容易把握好分寸。皇权与将权矛盾激化的例子很多。矛盾的结果,如果是皇权控驭过死,帝王赢了,将帅被彻底束缚了兵权,兵败被杀;如果是将权过重,将帅胜了,便有可能危及皇权,甚至取而代之。为了避免这种悲剧,《将苑》的作者多处或直接或间接地提出了一些驭将的方法。

1. 敢于授权

授权问题,是驭将的第一招,也是将领能否充分发挥才能的前提和基础。《孙子兵法·谋攻篇》中说过:"将能而君不御者胜。"其中"将能"两字特别耐人寻味,个中含义指的是双方的将领都很有能耐,为什么一方胜利,另一方失败?势均力敌的将领通常应该打个平手，何至于一胜一负。关键在于一个"御"字。《将苑》的作者深谙其中的奥妙，第一篇《兵权》就明确提出要敢于对将领授权，《出师》篇在记述拜将仪式的过程中，又借君王之口表达了授权之意。作者意犹未尽，在下卷《假权》中再次阐述授权的主张。文中形象地说，如果国君不把赏罚的大权交给将领，就像是捆住了猿猴的手脚，却要它迅速地跳跃攀援；粘住了离娄的眼睛，却要他分辨青黄，这都是不可能做到的。如果军中赏罚大权落到权臣手中，而不由主将决定，人们都为自己的私利打算，谁还想着去英勇作战呢？这种情况下，即使有伊尹、姜太公的智慧，有韩信、白起的功绩，也不能自保。为了凸显这一观点的正确性、权威性，作者直接引用了两位名将的名言。孙武说："将之出，君命有所不受。"周亚夫也说："军中闻将军之命，不闻有天子之诏。"

诚如作者所言，大胆授权其实是一举多得的艺术。一是可以激发将领效忠君王、拼死决战的决心；二是可以树立将领的绝对权威，掌握号令三军、统一指挥的主动权；三是可以避免大权旁落、奸佞小人趁机作乱。

2. 暗中监督

虽然作者没有直接提及对将领进行暗中监督，但不难从多个篇章中领会其意。比如，《腹心》中主张"善将者，必有博闻多智者为腹心，沉审谨密者为耳目，勇悍善敌者为爪牙。"表面上看，这是要求将领依靠集体的智慧，活用众人的力量，但是稍加推论便不难想象，这些腹心、耳目、爪牙，是不是也扮演着国君安插在将领身边进行监督的角色，暗中留意将领的行为呢？

这些人除了负有监督的职责，还兼有防止将领独断专行的责任。《三宾》中就隐含了这层意思。文中提出:"三军之行也,必有宾客,群议得失,以资将用。"名义上,这些宾客是帮助将领出谋划策,使将领能够广纳群言、集思广益,但从另一个角度来看,他们在出谋划策的过程也负有委婉地防止将领错误决策,或者防止其违背国君意愿的责任。而且,这些人还分为上宾、中宾、下宾,覆盖了军队的多个层次,可以从战略、战役、战术层面全方位防止将领出错。

虽然这些监督措施会在一定程度上制约将领的权威和主动权、决断权,但相较于赵光义"将从中御"的做法——皇帝亲画阵图,监军临阵督战——还是要高明得多。

3. 明确要求

授权并不等于弃权,君王在授予将领大权的同时,往往不会任其无拘无束、任意妄为,而是会设立一系列规则与框架,用以束缚将领的权威。《出师》中充分地表现出了君王的这种心态。首先说,"从现在开始,部队由您指挥。"紧接着提出要求:"作战时,见敌人势弱则进击,见敌人实力强固则以退为主。不要因为自己身居高位而看轻别人,也不要因为自己意见独特而听不进部下的意见。不可以凭借自己功绩显赫就失去人忠信本分的品质。部下还没有坐下来休息时,身为将帅不能自己先坐下来休息;部下还没有吃饭时,身为将帅也不要首先进餐,应该与部下同寒暑,等劳逸,齐甘苦,均危患,做到了这一切,手下的将士必会竭尽全力,敌人也一定会被打败。"

国君的这些要求,既体现出对将领的关心,也透露出对他们的担忧。可想而知,这些要求绝不仅仅是将领出征之际的临别赠言,而是在平时的治理以及征战过程中,国君通过多样化的手段,不断向将领们提醒和强调的重要内容。不过,国君在提出这些要求时，也颇为注重策略，避免显得过于生硬和苛刻。所以《将苑》便以加强将领修养的名义，道出了国君对将领的多种要求。

比如《将弊》中，提醒将领要避免八种弊端。一是对财物的需求永远不满足，贪得无厌；二是嫉恨贤德有才能的人；三是听信谗信，亲近能说会道、巧言谄媚的小人；四是只能分析敌情，却不能正确认识自己的实力；五是遇事犹豫不决；六是沉迷于酒色而不能自拔；七是为人虚伪奸诈而自己又胆怯懦弱；八是狡猾巧辩而又傲慢无礼，不按制度办事。

又如《将骄吝》中告诫领要戒骄勿吝：将领不可骄傲，骄傲就会失礼，失礼就容易使人心离散，人心离散就会众叛亲离。将领不可吝啬，吝啬就不愿行赏，不愿行赏就不能使士兵拼命作战，士兵不拼命作战，军队就不能建功立业。军队没有建功立业，国家就会虚弱。国家一旦虚弱，敌人的力量就相对强大了。

再比如《自勉》中要求将领加强自我修养，避免七大错误：圣人以天道为准则，贤人以客观实际为法则，智者以古代的圣贤为准则。骄傲的人会招致毁伤，狂妄的人会酿成灾祸，夸夸其谈的人缺少信义，自私的人刻薄少恩。奖赏无功的人，人心就会离散，惩罚无罪的人就会使人怨声载道，喜怒无常的人就会自取灭亡。

这些文字既是对将领的训导，也是明确的要求，更是将领加强修养的指南，其目的不外乎确保将领在"君命有所不受"的同时，既是一个良将，又是一个忠将，用好手中的权，带好麾下的兵，打赢面临的战争。

（五）为将之道，贵在有能

相对于选将、拜将和驭将来说，为将之道还是全书的重点，内容更为丰富、更为全面、更为具体，涉及将领的品德、志向、性格、情趣、能力、才器、弱点等修养方面的原则和要求，更多的是以情带兵、谋略思维、作战指挥、管理部队、用人标准、激励军心等统军作战方面的方式和方法。这些方面的内容，一是继承了前人在某一问题上的精华，集中阐述；二是概括非常恰当，归纳十分精妙；三是语言简练，易读易懂易记。其中不少思想观点非常精彩，既具有很强的思想性，又可为现代各领域的人们提高领导力、增强为人处世的能力提供参考和借鉴。

1. 将领应有的才器

作者在《将材》中把将领的才能划分为九种类型，意在强调因材而用，同时也是为将领提升能力素质确立多种标准。这九种类型的将领各有特长，有的适合于教育管理，有的适合于领兵作战，有的适合于防守，有的适合于进攻。虽然这种排比式的划分难免交叉重叠，但还是能够相对凸显不同类型将领不同的特长。有日本现代经营之神美誉的孙正义，在打造创业团队的问题上就强调建立"一流攻守群"，即精选一流人才，而且各有特长，有善攻的，有善守的，共同组建一个人才群体，联手打拼事业。

作者注意到，有才能的人不一定有器量。对于将领来说，器量比才能更重要，有才能者为人所用，有器量者才能用人。有器量的人有海涵，看得远，不计较，顾他心，利他人，有大局观，能体谅，会换位思考。所以，作者紧接着专写一篇《将器》，综合考虑胸怀、情操、见识、人品等方面的因素，把将领的才器划分为十夫之将、百夫之将、千夫之将、万夫之将、十万人之将、天下之将等六个等级。

将领只有才能与气度兼具，才能担当重任，也才能服众。现代年轻人大多受过高等教育，都具有这样那样的才能，单打独斗都是一条龙。但是，要想在一群人中脱颖而出，并且率领一群人共同奋斗，恐怕还得在"将器"方面多下功夫。

2．将领基本的德行

将领的才器固然十分重要，但更为重要的是德行。东晋史学家孙盛在《魏氏春秋》中说："士有百行，以德为首。"兵凶战危，对于掌握千军万马的将领而言，"德"是第一位的。有德之将，能够众望所归，护国安民；无德之将，则不得人心，祸国殃民。因此，古代为将之道中特别看重将领的德行。最先提出"将德"概念的，当属孙膑。《孙膑兵法》中提出："……赤子，爱之若狡童，敬之若严师，用之若土芥，将军……不失，将军之智也。不轻寡，不劫于敌，慎终若始，将军……而不御，君令不入军门，将军之恒也。入军……将不两生，军不两存，将军之……将军之惠也。赏不逾日，罚不还面，不维其人，不何……外辰，此将军之德也。"原文在流传过程中有散失，根据上下文推理，整段话大意是说，对士兵要像对可爱的孩童一样爱护，要像对严师一样尊敬，而使用士兵作战时又要像使用泥土草芥一样，不惜牺牲。不轻视兵力少的敌军，也不怕敌军的威逼，指挥作战要坚持到底，直至最后也要像刚开始一样慎重对待。君王的命令不能在军队中直接传达贯彻，军队中只以统兵将帅的命令为准，这是将军固定不变的准则。将军不能和敌军将领共生，自己的军队也不能与交战的敌军共存，这是将军的职责。奖赏不能超过当日，惩罚也需当面就执行，赏罚不因人而异，必须一视同仁……这是将军应有的品德。

孙膑所谓的"将德"，涉及爱兵、慎战、敢战、兵权、奖惩等方面的内容。《将苑》则将这些内容展开来论述，虽然没有专列《将德》篇，但《将志》《将刚》《将强》等篇基本上都与将德密切相关。

比如《将志》，列举了将领应有的一系列品行，"故善将者，不恃强，不怙势，宠之而不喜，辱之而不惧，见利不贪，见美不淫，以身殉国，一意而已。"认为真正的将帅不依靠强权，不倚仗势力，受到君主的宠爱时不得意忘形，受到别人的诽谤污辱时不惧怕退缩，看到利益时不起贪念，见到美女时不心生邪念，只知全心全意，保家卫国，以身殉职。核心强调的是，将领的主要志向应当是精忠报国。这与孙子所说的"进不求名，退不避罪，唯人是保，而利合于主，国之宝也"（《孙子兵法·地形篇》），大体上是同一个意思。

又如《将刚》中，提出将领应有的性格是刚与柔相济，"善将者，其刚不可折，其柔不可卷，故以弱制强，以柔制刚。纯柔纯弱，其势必削，纯刚纯强，其势必亡，不柔不刚，合道之常"。军队是一个刚性的战斗集体，同时又是一个生死相依的温暖家庭，作为领军人物，务必能柔能刚，刚柔结合。

再如《将强》中，认为将领应具备五种品德，即高尚的节操，可以用来激励世俗；尊长爱幼，可以凭它名扬四海；讲求信义，可以凭它结交朋友；深谋远虑可以广纳士众；身体力行可以建功立业。紧接着又提出将领需要克服的八种恶习，即筹谋策划时不能判断是非，讲究礼节却不知礼遇贤士，在施政方面不能严明法纪，富贵时不能赈济贫困，其智慧不能防患于未然，考虑问题时不能防微杜渐，飞黄腾达时不能举荐人才，失败后就怨天尤人。显然，这些都是将领在修养方面应当注重的戒律。

此外，《将弊》《将诚》《将骄吝》等篇的内容均与"将德"密切相关，值得人们从正反两方面理解和借鉴。

3．将领治军的方法

自古以来，战争都是集团冲杀，而非一两个人决斗。所以，古人非常强调"和众"的重要性，并把它作为制胜的重要因素，指出"师克在和不在众"。(《左传·桓公十一年》)。《司马法·严位》更是明确强调："凡胜，三军一人胜。"不是说三军因为一个人而取得胜利，而是强调整个军队团结如一人才能赢得胜利。对于一个国家或一支军队来说，如果上下不和、左右不能协调，虽有规模之众，也难以夺取战争的胜利。至于如何使三军团结得像一个人一样，心往一处想，劲往一处使，相互支援，密切协同，这就需要将领巧妙地运用一系列治军管理方法。《将苑》总结前人经验，从多个角度剖析治军管理问题，提出了不少颇有见地，且行之有效的治军方法。

比如《军蠹》中，作者提醒将领在组织军队行动时，要注意防止九种可能直接导致全军崩溃的问题。一是对敌情的侦察不仔细、不准确，在消息的反馈上不按规定进行，与实情不符；二是不遵守命令，贻误战机，使整个军事行动受阻；三是不服从指挥，不听候调度；四是将官不体贴下级，只知一味地聚敛搜刮；五是营私舞弊，不关心下级将士的生活；六是迷信诽谤之辞、神鬼怪兆，胡乱猜测吉凶祸福，扰乱军心；七是士兵不守秩序，喧哗吵闹，扰乱将帅的决策和执行；八是恃勇飞扬跋扈，犯上作乱；九是侵占国家财物，无所不为。这些问题都是平时治军管理不严的结果，所以将领平时治军时就要严格治理，杜绝这些蠹虫的滋生，而不是上了战场再临时抱佛脚去应对。

又如《重刑》中，提出将领统率军队行动作战过程中一定要想方设法统一全军上下的思想和行动。最直接的办法是明确指挥号令，树立指挥权威，达到"威耳、威目、威心"目的。文中认为，在军队中用声音引起士卒的注意，要求士卒听从指挥时，发声的器具必须音质清脆洪亮；用旗帜来指挥士兵作战时，旗帜的颜色要鲜明、醒目；用刑罚、禁令来约束士卒的行动时，执法必须公正、严明。如果做不到上述三点，军容就会紊乱，士卒就会涣散、懈怠。所以说，在指挥部队的问题上，应该达到这样的程度：只要将帅的指挥旗帜挥舞摇动，部下就会英勇前进；只要将帅的命令一下，所有的士卒就会同仇敌忾，拼死上前，勇猛冲杀。

张居正在《权谋残卷·度势》中一针见血地指出："军无威无以立，令无罚无以行。"军队没有威严就无法站稳脚跟，号令不严格就无法实行。《重刑》篇的观点，无疑抓住了治军的重要问题。

再如《和人》中，提出统军作战之道重在于人和心齐。古代明智的将领很早就注意到"和众"的重要性，并把它作为制胜的重要因素。《将苑》的贡献在于，集中一篇专门讲这一问题，并明确提出"和人"的概念。文中提出"用兵之道，在于人和"，直接点明了将领带兵打仗的根本问题——军心。至于如何"和人"，作者没有从正面提出具体办法，而是从反面列举了破坏"和人"的五种行为，即"将吏相猜，士卒不服，忠谋不用，群下谤议，谗慝互生"。一支军队如果处于这样的状态，必定是一盘散沙、一堆烂泥，打起仗来势必一触即溃，各奔东西，即使有商汤、周武王那样的才智，连一个普通的人也打不过,更何况是人数众多的敌国部队。

然而,"和人"不是一纸命令或一个规定就能做得到的事情,需要将领多方面努力,综合运用一系列带兵方法和管理方法,才能达到"人和则不劝而自战"的状态。

4. 将领爱兵的方法

以情带兵,是将领治军的重要方法之一,《将苑》涉此问题的篇章较多,所以专辟一节讨论。《百战奇法》中说:"凡与敌战,士卒宁进死,而不肯退生者,皆将恩惠使然也。"一语道破以情带兵所能产生的巨大效果。正因为如此重要,《将苑》的作者从多方面研究了将领爱兵的方法。

比如《哀死》中,继承孙子"视卒如婴儿"的观点,提出"善将者,养人如养己子",并梳理出四种以情带兵的方法。"有难,则以身先之;有功,则以身后之;伤者,泣而抚之;死者,哀而葬之;饥者,舍食而食之;寒者,解衣而衣之;智者,礼而禄之;勇者,赏而劝之。"核心是尊重士兵、关爱士兵,而且落实到具体行动上,精准触及士兵的痛点、难点、共情点。如此才能让士兵们真正感受到将领的关心关爱,从而产生与将领同生死、共命运的坚定意志。

又如《厉士》中,围绕激励官兵斗志的问题,归纳了五大法宝,即"尊之以爵,赡之以财,则士无不至矣;接之以礼,厉之以信,则士无不死矣;蓄恩不倦,法若画一,则士无不服矣;先之以身,后之以人,则士无不勇矣;小善必录,小功必赏,则士无不劝矣"。这些方法的核心是尊重士兵的主体地位,及时奖励他们的功勋,哪怕小功小绩也记录在案,同时以诚信对待他们,以恩惠体恤他们,必将激起他们英勇作战的决心和意志。

再如《将情》中，作者在一系列细节问题上强调将领要与官兵同甘共苦，情感相融。具体来说，行军宿营过程中军井还没有挖好，将领不能说渴；军中的饭还没煮熟，将领不能说饿；军中的火堆还没有点燃，将领不能说冷；军中的帐篷还没有搭好，将领不能说疲劳；夏天不摇扇，雨天不打伞，与官兵同甘共苦。用现在的话来说，就是将领应当吃苦在前，享受在后，方便让给下属，困难留给自己。官兵的眼睛都是雪亮的，如果一个将领能做到这"六个不"，绝大多数官兵都会心生感激和敬意，从而在关键时刻紧紧跟随将领出生入死，英勇奋战。

5. 将领制胜的艺术

孙子衡量敌对双方将领的标准是"能"，这个"能"主要指的是带兵打仗的能力。对于将领而言，如果不能打胜仗，再优秀也毫无意义。国君煞费苦心选将、拜将，核心目的就在于选出一个能够帮他打胜仗的将领，最为看重的也必定是将领带兵打仗的能力。正因为如此，《将苑》的重点也紧紧围绕将领指挥作战的能力展开，用大量篇幅深入剖析了指挥作战过程中各种用计用谋、指挥作战的方法。

比如《择材》中提出科学编组作战单元，发挥各个兵种的特长。作者把军中将士分为六种类型，并详细描绘了每种类型的特点及其在战争中的角色和任务。如：报国之士，可以组成敢死队，他们"好斗乐战，独取强敌"，为报国而不惜牺牲，适于与敌决战。突阵之士，可以组成突击队，他们"气盖三军，材力勇捷"，适于攻坚作战。搴旗之士，可以组成先锋队，他们"轻足善步，走如奔马"，适于率先夺取敌军旗帜，或者高举战旗引领全军作战。争锋之士，可以组成奇袭队，他们"骑射如飞，发无不中"，适于快速杀入敌军阵营射杀其主将。飞驰之士，可以组成狙击队，他们"射必中，中必死"，适于精确打击敌军各种要害目标。摧锋之士，可以组成阻击队，他们"善发强弩，远而必中"，适于阻挡和挫败敌军的攻势。

战争往往靠集体的力量赢得胜利，如果所有的官兵能力平平，整个部队势必毫无战斗力、攻击力。只有将各具特长的士兵合理搭配编组，才能充分发挥他们的特长，各尽其才，各尽其用，同时产生1+1大于2的合力。

又如《不陈》中用五个排比句突出强调了"不战而屈人之兵"的用兵艺术，"古之善理者不师，善师者不陈，善陈者不战，善战者不败，善败者不亡。"至于如何才能"不师""不陈""不战""不败""不亡"，作者没有在本篇中展开论述，而是通过后续紧密相连的几篇内容引导人们思考。《戒备》中指出："国之大务，莫先于戒备。若夫失之毫厘，则差若千里，覆军杀将，势不逾息，可不惧哉！"意在告诉人们，只有备战才能止战，只有能战才能不战。《习练》中强调："军无习练，百不当一；习而用之，一可当百。"训练出战斗力，官兵经过艰苦的训练达到"一可当百"的程度，自然是战无不胜，甚至不战而胜的威武之师。《谨候》中总结历史教训，认为"败军丧师，未有不因轻敌而致祸者，故师出以律，失律则凶"。只有谨慎地防止敌方间谍，严密部署我方的斥候，随时了解和把握敌军动向，才能避免军事上的被动，也才能及时采取行动遏制敌方的企图，把战争制止在萌芽状态。

再如《便利》中提醒将领要注意有什么地形打什么仗，利用好天时地利等战场环境和各种条件。文中具体分析了几种战场环境中的不同战法，如草木丛生的地方，利于军队隐蔽移动；山高林密关塞重重的地方，利于出其不意地攻击敌人；树林前没有隐蔽场所的地方，利于在林中潜伏；想以少击众，应在日落黄昏之际进行；以众击寡，则宜在清晨进行；强弓利箭和其他远射兵器，可以迅速有效地击败敌人；敌人被江河阻隔和风大昏暗的时候，应当采取前后夹击的战法。《地势》进一步根据不同的地势，分析了相应的各具特色的战法。如："山林土陵，丘阜大川，此步兵之地。土高山狭，蔓衍相属，此车骑之地。依山附涧，高林深谷，此弓弩之地。草浅土平，可前可后，此长戟之地。芦苇相参，竹树交映，此枪矛之地也。"《智用》篇强调，将领只有在作战中智慧地运用"天、地、人"三大要素，做到"顺天、因时、依人"三者结合，而不能"逆天、逆时、逆人"，才能有效地将天时地利等外在条件和各种资源为我所用，转化成我方的力量，辅助我方赢得胜利。

此外，《机形》中提出"因机而立胜"，强调智者善于捕捉战机，《应机》中主张"见机而作"，认为创造战机的关键在于出其不意。《整师》直言："出师行军，以整为胜。"指出行军作战贵在各部队协调一致。《察情》中归纳了多种战场常见的表面现象，提醒将领要由表及里、由虚到实地侦察敌情。这些篇章讲的都是指挥作战的方法，虽然时过境迁，战争形态发生了革命性的变化，书中不少具体方法已经失去了生命力，但是每一篇中的核心思想和基本主张还是富有活力的，如果应用于现代军事斗争，甚至社会竞争，或许仍然能够迸发出智慧的光芒。

（六）智将之道，巧在心胜

本书在宋朝最初名为《将苑》，到明朝则改名为《心书》。通读全书之后，掩卷而思，发现后人将其改名为《心书》是很有道理的。全书以论将为主题，在作者心目中，所论之将主要是智勇双全的智将，而非单纯猛打猛冲的莽将，更非误国误民的庸将。智将、莽将、庸将根本的区别并不在于才能高低，而在于内心，初心、良心、用心不同，价值取向和品德才能大相径庭。正因为如此，作者无论是选题、立论，还是分析、评价，往往从心理角度入手，在心智层面评判，堪称一部集军事学、心理学、管理学于一体的教科书。

1. 识将重在识别真心

识将是用将的前提和基础，识准了将才，才有可能让真正的将才脱颖而出，得到重用，也才有可能避免劣币驱除良币的现象，防止心术不正的"劣币"毒害人才环境。所以，文中不少篇章涉及识人问题，大多注重从心理、心志、心性、心术等角度分析和评判。比如《逐恶》中指出五种"恶人"的表现：一是私结朋党，搞小团体，诋毁贤能，诬陷忠良；二是在衣服上奢侈、浪费，穿戴与众不同的帽子、束带、虚荣心重、哗众取宠；三是不切实际地夸大蛊惑民众，制造谣言欺诈视听；四是专门搬弄是非，为了自己的私利而兴师动众；五是非常在意自己的个人得失，暗中与敌人勾结在一起。这是五种虚伪奸诈、德行败坏的小人。又如《将弊》中列举了庸将的八种弊病：一曰贪而无厌，二曰妒贤嫉能，三曰信谗好佞，四曰料彼不自料，五曰犹豫不自决，六曰荒淫于酒色，七曰奸诈而自怯，八曰狡言而不以礼。这一系列的行为，无一不是心志、心性的外化表现。但在日常生活中，奸邪之人的真面目并不像直观的图画那样让人一目了然，他们的狡猾之处就在于善于伪装，比一般人更善于掩饰内心的想法，表面上比常人显得更忠诚、更善良、更努力。然而，古往今来的历史告诉人们，往往正是这种类型的人更险恶、更有野心、更具破坏力,因此更需要小心识别。为此,作者在《知人性》中总结出识别人性的七种方法:一曰,间之以是非而观其志;二曰,穷之以辞辩而观其变;三曰,咨之以计谋而观其识;四曰,告之以祸难而观其勇;五曰,醉之以酒而观其性;六曰,临之以利而观其廉;七曰,期之以事而观其信。这些方法虽然角度不一,场景各异,但总体上都是透过表面现象,观察对方心志、心性,而且是反复观察,多方验证,方能识别其真实的内心。

2. 选将重在选择实心

在选将问题,作者反对选择"花心"之才,而是主张选用"实心"之才。在《将志》中,作者列举了优秀将领的"六不",即"不恃强,不怙势,宠之而不喜,辱之而不惧,见利不贪,见美不淫",只有这样的人才是实心实意地"以身殉国,一意而已"的将才。反之,恃强、怙势、骄宠、畏惧、贪利、好色,则是"花心"之徒,不堪重任。

《将材》根据将领不同的才能特点,把将领分为九种类型:仁将、义将、礼将、智将、信将、步将、骑将、猛将、大将。仔细分析不难看出,九种标准基本上也是从心志、心性等心理层面划分的,其重点都落在一个"实"字上。仁将的基础是关心在实处,义将的重点是出生入死地实战,礼将的关键是为人要实在,信将前提是要言而有信地实践,大将的核心是要有一颗实心,如此等等,强调的都是选将一定要选择真实心志、心性的人。

在《将器》中,作者划分了用将的六个等级,几乎每个等级也都有从心理上考察的成分。比如十夫之将,要能够从心理上察觉他人的奸诈,看到事物潜伏的危害、祸端,被部下所信服；百夫之将要能够早起晚睡，实心实意为公事操劳，言辞谨慎小心；千夫之将，要能够在心性上为人耿直又深谋远虑，勇猛善战；万夫之将，要能够内心蕴藏着丰富的感情，个性光明磊落，能了解别人的努力和辛苦，又能关心他人的饥寒情况；十万人之将，要能够心胸宽广，善于提拔和任用贤能之人，处事一天比一天谨慎小心，为人忠诚、可信、宽容、大度；天下之将，更是要能够以仁爱之心待部下，又能使邻国信服，知晓天文地理。显而易见，这些分析和评判标准，核心都在一个"实"字。

3．拜将重在拜托诚心

"三军易得，一将难求"（《三国演义》）。经过用心识别、精心选择最后确定的将领人选，一定要高度信任，放手重用。所以，明智的国君往往在将领出征之际要举行盛大而庄严的拜将仪式。《出师》中专门记述了古代拜将出征的仪式和流程。

在出征前，国君首先要斋戒三日，然后才郑重其事地进至太庙告祭列祖列宗，国君面南而站，将帅面北而立，太师双手奉上大斧（权力的象征），国君接过大斧，手持斧柄授给将帅说："从现在开始，部队由您指挥。"这种隆重而庄严的形式，并不是作秀，真实意图在于彰显"兵者，国之大事"。斧钺是兵权的象征，也是重托的载体，将领接过斧钺的时刻，必定深感责任重大。

接着，国君的一番嘱托也非常诚恳和实在："见其虚则进，见其实则退。勿以身贵而贱人，勿以独见而违众，勿恃功能而失忠信。士未坐，勿坐，士未食，勿食，同寒暑，等劳逸，齐甘苦，均危患；如此，则士必尽死，敌必可亡"。充分表达出国君对将领的信任和倚重之情，让将领深受感动和鼓舞。

将领表示决心之后，国君在凶门跪下，双手推动将领战车的车轮，送军出门。同时，再次明确表示："进退惟时，军中事，不由君命，皆由将出。"寥寥数语，表达出国君对将领的高度信任、充分授权，一片诚心和盘托出。这种形式，既可以打消将领军从中制的顾虑，能放开手脚统军作战，又可以激励将领精忠报国，切实做到"以身殉国，一意而已"。

诚心方能换来真心，也才能上下一心。

4．驭将重在驾驭其心

将领一旦大权在握，领兵出征，国君的身家性命便如同系于一只高飞的风筝之上。国君操控风筝线时需把握微妙的平衡，以确保风筝既能高飞又不失控：若拽得太紧，风筝便失去了翱翔的自由，导致将领在战场上束手束脚，甚至因过度干预而错失良机；若拽得太松，风筝则可能随风飘荡，将领可能偏离战略方向，甚至因缺乏监督而走向失败。所以，如何驭将，历来是国君最为关注的问题。《将苑》中没有直接出现"驭将"一词，但作者多处或直接或间接地提出了一些如何驭将的方法。包括敢于授权、暗中监督、明确要求等。这些方法都不是单靠行政权威管制将领，而是从心理情感上感动将领，关心将领，激励将领。《陆宣公奏议》中说："驭将之方，在乎操得其柄。""操其柄"不仅指对将领的控制，更重要的是赢得将领的"心"。高明的国君往往善于用柔性的方法，笼住将领的心，坚定他们忠心耿耿、全心全意为国而战的决心和意志。

5．为将重在处处用心

为将之道是《将苑》的主体内容之一，涉及战略思想、作战指挥、部队管理、带兵方法等方面的内容。可以说，各种方法中都突出强调一个"心"字，要求将领精心谋划、用心指挥、悉心管理、真心带兵。尤其是在带兵和管理问题上，基于"用兵之道，在于人和"的思想，几乎处处提醒将领要用心用情。

比如《哀死》中，提出"善将者，养人如养己子"，并提出四种以情带兵的方法。"有难，则以身先之；有功，则以身后之；伤者，泣而抚之；死者，哀而葬之；饥者，舍食而食之；寒者，解衣而衣之；智者，礼而禄之；勇者，赏而劝之。"核心是真情实意地关爱士兵，而且要从细微处入手，落实到具体行动上，如此才能让士兵们与将领共情和共鸣。

又如《厉士》中，围绕激励官兵斗志的问题，归纳了五大法宝，即"尊之以爵，赡之以财，则士无不至矣；接之以礼，厉之以信，则士无不死矣；蓄恩不倦，法若画一，则士无不服矣；先之以身，后之以人，则士无不勇矣；小善必录，小功必赏，则士无不劝矣"。这些方法的核心也是以真心真情关爱士兵，尤其是强调"蓄恩不倦"观点，认为对士兵的关爱不是一时一事，而是长期坚持，从不厌倦，如此积累起来的恩惠必将激起士兵们英勇作战的决心和意志。

再如《将情》中，突出一个"情"字，提出"为将之道，军井未汲，将不言渴；军食未熟，将不言饥；军火未然，将不言寒；军幕未施，将不言困；夏不操扇，雨不张盖，与众同也。"意在说明，在这一系列细节问题上将领与官兵同甘共苦，患难与共，绝大多数官兵必然会心生感激和敬意，从而做到孙子所说的"故可以与之死，可以与之生，而不畏危"（《孙子兵法·计篇》）。

此外，在《将骄吝》中，作者还告诫将领要注重"两个不可"，即"将不可骄，骄则失礼，失礼则人离，人离则众叛。将不可吝，吝则赏不行，赏不行则士不致命，士不致命则军无功,无功则国虚,国虚则寇实矣"。将骄、将吝根源都在于脱离基层官兵,缺乏与基层官兵的共情点,官兵们自然不会跟随这样的将领出生入死,英勇作战。

综上所述,《将苑》无疑汇聚了中国古代有关将道的思想主张和具体方法,也总结了古代将领们一系列的经验和教训,堪称为将之道思想精华的荟萃宝殿。尤其是该书从心理学角度研究的识将、选将、拜将、驭将、为将等方方面面的方法,对于当今社会各领域识人、选人、育人、用人,都有直接的启示作用和借鉴价值。

后 记

起心动念研究《将苑》是二十多年前的事了，那时给研究生讲课，专门讲过"诸葛亮的为将之道"课题，由此萌生了继续深入研究的想法，但是连续几项重大科研任务压头，不得不暂时搁置一边。不承想，这一搁就是二十年。2023年初，借主编《中国历代兵书精要新解》系列丛书之机，我重拾旧爱，一头钻进《将苑》之中。或许是随着年纪的增长，阅历的增多，发现二十多年前研究《将苑》时留下的文稿非常肤浅，未得其精髓。于是，重新深入研读，参阅大量相关学术成果，愈发觉得作为中国古代唯一专门从理论上研究为将之道的兵书，《将苑》有着非常强的现实借鉴价值，其中的识将、选将、拜将、驭将、为将等方面的思想观点和巧妙方法，对于当今社会各领域识人、选人、用人、育人，都有一定的启示和参考作用。

现在，经过2023年春夏秋冬四季的深入研究和反复推敲，《将苑精要新解》书稿终于杀青，即将付梓。在此，要特别感谢新时代出版社领导的热情鼓励和大力支持，他们基于全面弘扬中国传统优秀军事文化的初心，紧扣时代的要求，果断确立《中国历代兵书精要新解》系列丛书项目，并选录《将苑》。同时还要特别感谢新时代出版社诸位编辑的大力协助，他们严谨的工作态度和卓越的专业素养，为本书从构思走向写作、从草稿走向印刷提供了坚实的保障。

写作是一门遗憾的艺术。每本书收笔之际，如释重负的同时总有些意犹未尽，甚至些许遗憾。遗憾的是，如果假以更多的时间，或许能够从更深的层次研究《将苑》的思想精髓，能够从更广阔的视野发掘诸葛亮为将之道的现实运用价值。值得庆幸的是，随着本书的出版，善品堂国学院将开设"诸葛亮为将之道"课程，并请我担任主讲。相信在授课过程中，一定会进一步深入把握《将苑》的精髓，体悟诸葛亮的智慧，但愿有机会修订再版时，全力弥补所有的遗憾。

薛国安
2024年元月于红山口